青少年趣味编程

（适用于中学阶段）

达内童程童美教研部 编著

電子工業出版社
Publishing House of Electronics Industry
北京 · BEIJING

图书在版编目（CIP）数据

青少年趣味编程：适用于中学阶段：全 4 册 / 达内童程童美教研部编著 . — 北京：电子工业出版社，2017.9
ISBN 978-7-121-32474-1

Ⅰ . ①青 … Ⅱ . ①达 … Ⅲ . ①程序设计－中学－教学参考资料　Ⅳ . ① G634.673

中国版本图书馆 CIP 数据核字（2017）第 195093 号

策划编辑：蔡　葵
责任编辑：裴　杰
印　　刷：北京天宇星印刷厂
装　　订：北京天宇星印刷厂
出版发行：电子工业出版社
　　　　　北京市海淀区万寿路 173 信箱　邮编：100036
开　　本：787×1 092　1/16　印张：37　字数：923 千字
版　　次：2017 年 9 月第 1 版
印　　次：2017 年 9 月第 1 次印刷
定　　价：158.00 元（全 4 册）

凡所购买电子工业出版社图书有缺损问题，请向购买书店调换。若书店售缺，请与本社发行部联系，联系及邮购电话：（010）88254888，88258888。
质量投诉请发邮件至 zlts@phei.com.cn，盗版侵权举报请发邮件至 dbqq@phei.com.cn。
本书咨询联系方式：（010）88254595，xdhx@phei.com.cn。

序 言

在信息时代和人工智能时代，编程将成为一个人适应外部世界的基本的技能，世界各国都在推动编程教育，美国总统奥巴马亲自推动“编程一小时”活动，并呼吁美国小朋友“别总在手机上玩，要去编程”。微软总裁萨提亚说：“计算机科学可以打开这个世界上最好的机会”。编程教育越来越受到人们的重视，那么，为什么“编程教育的普及要从娃娃做起”呢？

第一、孩子非常善于吸收新知识，掌握新技术，让他们早早接触代码就会早日发现孩子在编程和设计方面的天赋。比尔盖茨、扎克伯格、乔布斯，他们都是从小学就开始编写程序了，从小就开始编程思想的培养和编程技术的积累，为他们后来成就大事业奠定了坚实基础。

第二、爱玩是每个孩子的天性。电子游戏也是软件，而且是具备很强逻辑性的软件。爱玩游戏的孩子通常也会是编程的高手，与其控制孩子玩游戏，不如鼓励孩子编游戏，他们将从玩游戏寻找快乐转化为编写游戏来寻找快乐。编程是实现寓教于乐的最好课程。

第三、所谓的编程就是将人类的想法按照一定的编码规则，变成计算机可以识别的代码和语言，让计算机帮助人们实现数学运算、事物处理和信息查询等。计算机程序通常具备很强的逻辑性，完成一个程序就是在完成一个项目，一个任务。因此，编程可以锻炼孩子的逻辑思维能力和创新能力，同时又可以锻炼其建立、完成和管理项目的能力。此外，编程教育更注重学习过程，注重知识与生活的联系，能够培养和提高孩子发现问题、分析问题、解决问题的综合能力。

韩少云

前　言

2016 年 3 月，AlphaGo 计算机程序轻取围棋九段棋手李世石，立刻引发全世界的讨论。这一里程碑事件向世界证明，机器可以像人类一样思考，甚至比人类做得更好。乐观人士相信人工智能技术的突破将极大推动生产力的提高。但同时也激发了对人工智能或将取代人类工作的焦虑情绪，甚至有人担心人类最终会创造出连自己都无法控制的智能机器。这种担心都源于人们对人工智能的底层技术不了解，人工智能的底层技术即为信息技术，而信息技术的核心就是编程。在人工智能时代，编程教育的发展尤为关键，编程越来越成为这个时代必备的素养，就像看书识字一样，提倡从小培养编程思维。

编程是什么呢？简单讲，就是对计算机、智能设备或网站发出指令，告诉它们你想要做什么。麻省理工学院教授米切尔•雷斯尼克（Mitchel Resnick）说："当你学会编程，你会开始思考世界上的一切过程。"通过编程系统训练的学生，分析能力、抽象的逻辑思维能力、推理能力及综合创新能力会得到很大的提高，编程训练不仅与文化课学习不矛盾，而且能极大地提高文化课的学习能力，提高成绩，达到全面发展。编程是信息技术的"核心技术"，具备编程天赋潜质的优秀学生在中小学时期未打下一定的编程基础，其实是很可惜的。

为什么要从 JavaScript 学起呢？

JavaScript 编写的程序依托浏览器解释运行，每写一行代码其效果可以呈现在浏览器上，及时显示效果可以增强孩子们学习编程的热情。JavaScript 是一门当下很流行并且很有前途的语言，是未来 5 到 10 年主流的编程语言，还可以跟未来的职业紧密地结合起来；它是一种解释型的脚本语言，采用弱类型的变量，对使用的数据类型未做出严格的要求；其设计简单紧凑，学起来比较简单，是初学者学习编程的最好选择。

如何阅读本书？

全书是以“飞机大战”游戏为主线，每节课都有一个项目目标，并且配有 3 个左右的知识点来讲解 JavaScript 的基础知识，其中也会有 HTML 语言相关知识的简单介绍。与此同时，为了让大家能更好地灵活运用，针对所学的内容还会有两节项目展示课：“愤怒的小鸟”游戏和“植物大战僵尸”游戏，以及一个共计四节课的“捕鱼达人”游戏的项目实战。

我们在不断的教学中总结出了一套适合青少年学习编程的教学方法“六学三看一战”。此教学方法在本书当中也有体现。

“六学”指的是趣味编程的课堂按照“码上回顾”、“码上讲”、“群策群力”、“查缺补漏”、“亲自出码”、“一码当先”六步进行教学。

“码上回顾”：每次课前的 10 至 15 分钟，老师出一道编程题目，学生进行编程，通过这种方式让学生回顾上一次学到的知识。学生编程过程中老师可以不断观察每个学生的编程情况，了解学生对各个知识点的掌握程度。

“码上讲”：这个环节中会有计算机英语、项目目标展示、知识点讲解以及码到成功等栏目来剖析本次课的主要内容。每次课前，都会有知识目标和项目目标。所谓知识目标，就是每次课所要学习的主要编程知识；项目目标，是每次课所要实现的项目效果。编程语句都是由英文和其他一些符号组成的，为了更利于编程知识的学习，在进行编程之前先学习编程中遇到的英文单词。因此，设立了“计算机英语”栏目。“讲一讲”栏目，是对编程知识的讲述。“码到成功”栏目，强调的是对编程的练习。如果只是纸上谈兵，只看不做，你就无法感受到程序成功运行那一刻的快乐和成就感。另外，还有“欢乐秀一秀”栏目，通过题目来复习巩固所学习的知识，而且在书籍的最后也都会有详尽的答案解析。

“群策群力”：课上老师给出一个讨论题目或编程题目，按小组的形式进行讨论或编程，锻炼学生语言表达、团队合作等能力。老师在此环节轮流参加各组讨论，及时了解学生的听课效果。

“查缺补漏”：老师会根据群策群力环节的结果，针对大多数同学的共性

问题，再次进行强化讲授。

“亲自出码”：学生自己完成课堂知识并总结案例，用于检验学生课堂内容的掌握程度。老师对每个学生的编程实现过程及结果进行一对一分析，对学生的知识漏洞再次进行弥补，确保学生能全部掌握课堂所学内容。

“一码当先”：让学生在课后完成编程作业题目，分为必做题和选做题。必做题是对当次课所讲知识的复习巩固；选做题，面向学有余力的学生，是对学生编程思维的拓展与提升。课程结束后，老师也会与家长沟通，把家长纳入学生的编程学习过程，督促家长为学生的作业负责。这样就解决了课后老师对学生后续学习辅导力不足的问题，而且还增加了老师与家长的互动和交流。

“三看”：指的是家长可以通过每次课后的学习报告、四次课一测的测评成绩以及十次课一展示的项目展示课来看学生的学习效果。

“一战”：指的是项目实战。课程最后以一个真实的项目让学生将所学知识进行综合运用，使学生的编程思维完整落实。

目前，市面上计算机编程类的书籍有很多，大多都是以专业书籍为主，针对少儿编程教育的图书可谓是凤毛麟角。此次出版的系列图书，为美国纳斯达克上市教育机构——达内教育集团旗下的童程童美自主研发，依托集团 15 年积累的 IT 培训经验和百余名 IT 精英教研团队的优势，书籍内容专为中学阶段的学生订制，在兴趣培养和思维锻炼的同时，传授前沿技术，让中国的青少年接触到编程教育，与国际发达国家青少年教育接轨，让中国青少年赢在 IT 互联网时代的起跑线上！

本书用轻松愉快的方式、通俗易懂的语言，以及充满乐趣的图示，帮助读者轻松学习编程基础知识，适合于中学生以及一切编程初学者。

目录 Contents

第十一课　数组的应用和 parseInt() 方法

知识目标

- parseInt() 方法的基本使用
- 数组的另一种赋值方式
- 用数组存储对象

项目目标

- 运用数组存储 Enemy 对象
- 实现简易双色球程序

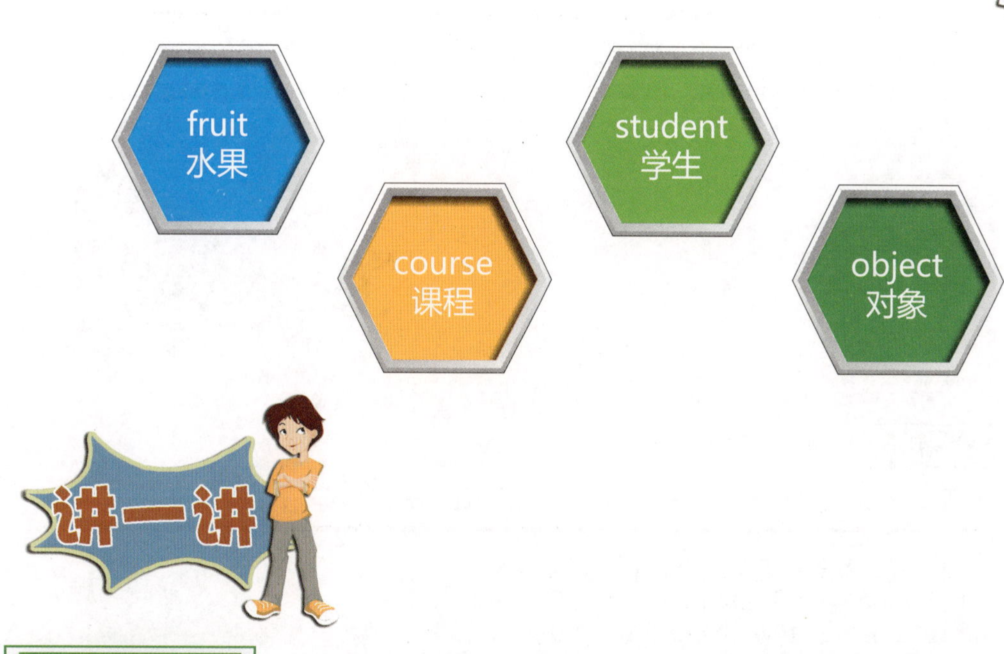

讲一讲

parseInt() 方法

基本用法：

parseInt(参数)：返回一个整数。

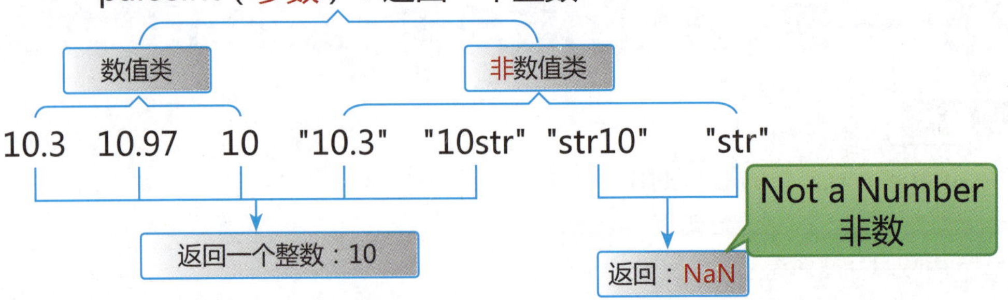

- 参数是数值类：返回整数部分。
- 参数是非数值类： 如果字符串以数字开头，那么就返回数字的整数部分（如：参数为 "10str"，那么返回的就是 10）。 如果字符串不是以数字开头，就会返回 NaN。

parseInt() 方法的使用

```
var num = prompt(" 请输入 1-100 之间的任意数字：");
var n = parseInt(num);
alert(n);
```

在信息提示输入框中输入的数字存储在 num 变量中，使用 parseInt() 方法后将输入的数字只取整数部分， 所以在警告框中显示的是输入数字的整数部分。

快 3 抽奖程序

抽取 3 个数字，每一个数字都为 1~9 之间的随机数，代码如下：

```
var n = [1, 2, 3, 4, 5, 6, 7, 8, 9];
var r1 = parseInt(Math.random() * 9);
var r2 = parseInt(Math.random() * 9);
var r3 = parseInt(Math.random() * 9);
alert(" 本期中奖号码为：" + n[r1] + "," + n[r2] + "," + n[r3]);
```

数组的另一种赋值方式

- 先创建一个空的数组。
- 再给数组中相对应下标的元素（如 family[0]）赋值。

（1）数组的另一种赋值方式，代码如下：

```
var family = [];
family[0] = " 爸爸 ";
family[1] = " 妈妈 ";
family[2] = " 我 ";
family[3] = " 爷爷 ";
family[4] = " 奶奶 ";
alert(family);
```

执行结果：

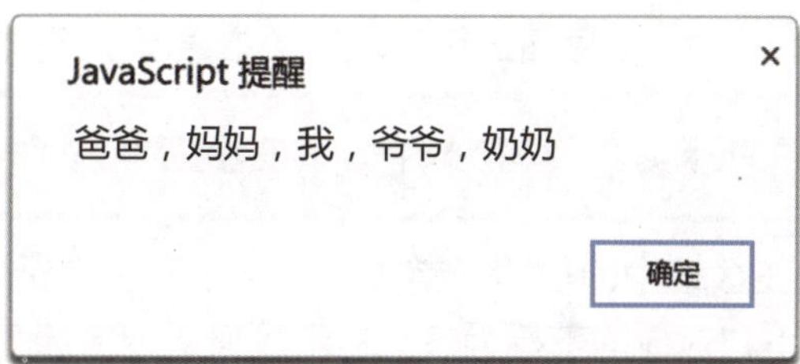

（2）使用数组存储飞机的 x 坐标，代码如下：

```
var xs = [];
var x = prompt(" 请输入飞机的 x 坐标：");
xs[0] = x;
x = prompt(" 请再次输入飞机的 x 坐标：");
xs[1] = x;
x = prompt(" 请再次输入飞机的 x 坐标：");
xs[2] = x;
alert(xs);
```

执行结果：

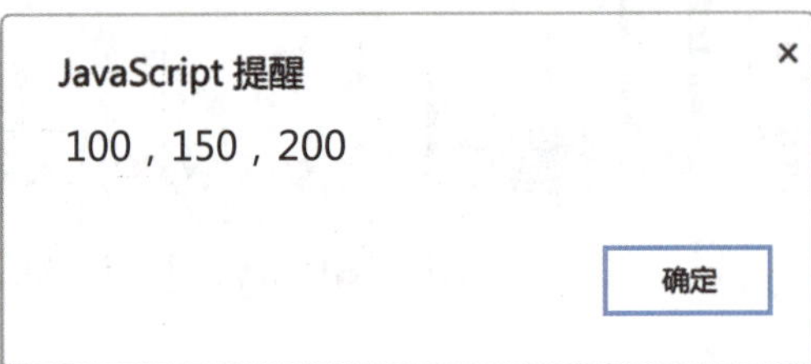

用数组表示班级里的同学

创建数组 students，存储三年二班的学生信息，代码如下：

```
var students = [" 刘小美 ", " 李小明 ", " 王小强 ", " 张小利 "];
```

找出张小利在数组中的位置。首先确定张小利在数组中的下标，数组的下标从 0 开始，所以张小利对应的下标为 3，利用数组名 [下标] 就可以访问到张小利。

在警告框中显示张小利，代码如下：

```
alert(students[3]);
```

在警告框中的显示效果如下所示：

JavaScript 提醒 ×

张小利

确定

用数组存储学生信息（数组存储对象）

之前同学们创建了 students 数组，在 students 数组中存储了 4 位学生的名字。但是，下图所示现在每位同学的信息增多了，不仅有名字，还有年龄和性别，这该怎么办呢？

（1）学生对象信息：

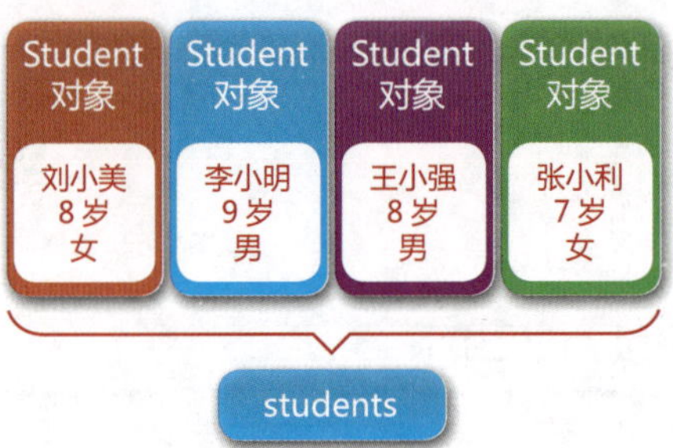

（2）Student 对象的属性：

（3）定义 Student 构造方法：

```
function Student(name, age, gender) {
    this.name = name;
    this.age = age;
    this.gender = gender;
}
```

（1）创建学生对象，并存储在数组里：

```
var students = [
    new Student(" 刘小美 ", 8, " 女 ") ,
    new Student(" 李小明 ", 9, " 男 ") ,
    new Student(" 王小强 ", 8, " 男 ") ,
    new Student(" 张小利 ", 7, " 女 ")
];
```

（2）访问数组中的元素：

```
alert(students[3]);
```

(3)在警告框中的显示效果如下所示：

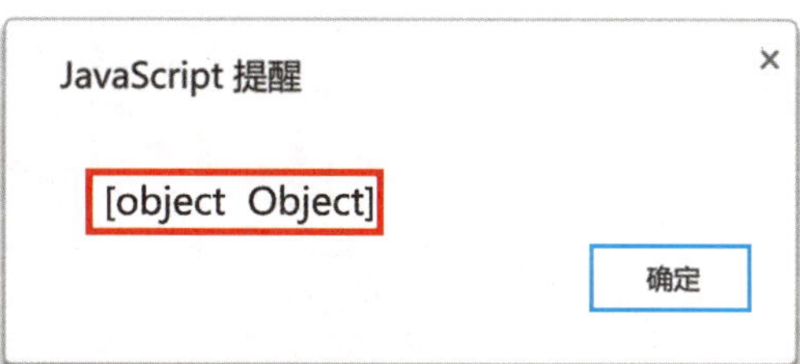

注：数组中存储什么，取出来的就是什么。

在 students 数组中，存储的是对象，取出来的还是对象，因此运行结果会在警告框上显示 [object Object]。

(4)访问数组中对象的属性：

```
alert(students[3].name + " : "
    + students[3].age + " : "
    + students[3].gender);
```

(5)在警告框中的显示效果如下所示：

JavaScript 提醒

张小利 : 7 : 女

确定

运用数组存储 Enemy 对象

(1)用数组存储飞机对象：

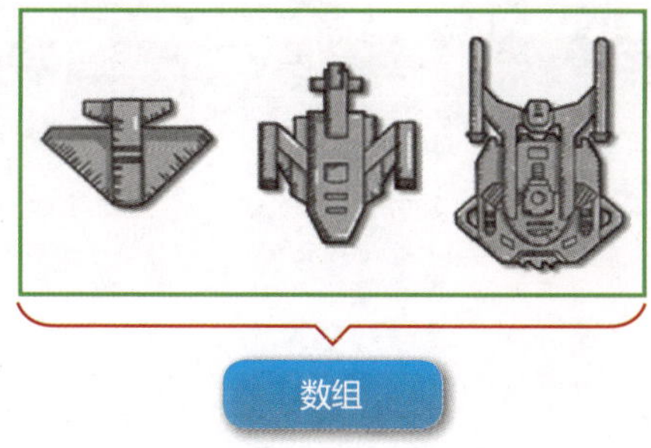

数组

(2) Enemy 对象的属性：

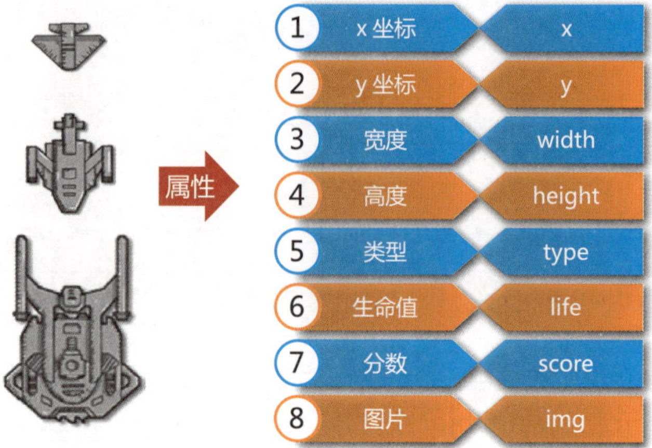

(3) 定义 Enemy 构造方法：

```
function Enemy(x, y, width, height, type, life, score, img) {
    this.x = x;
    this.y = y;
    this.width = width;
    this.height = height;
    this.type = type;
    this.life = life;
    this.score = score;
    this.img = img;
}
```

(1) 用数组存储 Enemy 对象（利用随机数产生 x 坐标值）：

属性 敌机	x	y	width	height	type	life	score	img
敌机1	随机数x	-51	57	51	1	1	1	enemy1
敌机2	随机数x1	-95	69	95	2	3	5	enemy2
敌机3	随机数x2	-258	169	258	3	20	20	enemy3

```
var x = Math.random() * (480 - 57);
var x1 = Math.random() * (480 - 69);
var x2 = Math.random() * (480 - 169);
var enemies = [new Enemy(x, -51, 57, 51, 1, 1, 1, enemy1),
               new Enemy(x1, -95, 69, 95, 2, 3, 5, enemy2),
               new Enemy(x2, -258, 169, 258, 3, 20, 20, enemy3)];
```

（2）访问数组中存储的 Enemy 对象的属性：

```
ctx.font = "22px 微软雅黑 ";
ctx.fillText(" 敌机坐标的 x 值是：" + enemies[0].x, 50, 100);
ctx.fillText(" 敌机坐标的 y 值是：" + enemies[0].y, 50, 140);
ctx.fillText(" 敌机的宽是：" + enemies[0].width, 50, 180);
ctx.fillText(" 敌机的高是：" + enemies[0].height, 50, 220);
ctx.fillText(" 敌机类型是：" + enemies[0].type, 50, 260);
ctx.fillText(" 敌机生命值是：" + enemies[0].life, 50, 300);
ctx.fillText(" 敌机分数值是：" + enemies[0].score, 50, 340);
ctx.drawImage(enemies[0].img, 50, 380);
```

（3）最终的显示效果如下图所示：

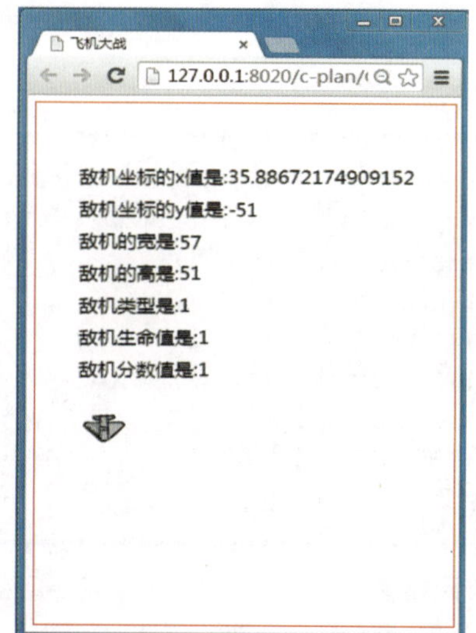

简易版模拟双色球程序

简易版模拟双色球程序

红球：6 个 1 ~ 33 之间的随机整数

蓝球：1 个 1 ~ 16 之间的随机整数

代码如下：

```
var n = [];
n[0] = parseInt(Math.random() * 33 + 1);
n[1] = parseInt(Math.random() * 33 + 1);
n[2] = parseInt(Math.random() * 33 + 1);
n[3] = parseInt(Math.random() * 33 + 1);
n[4] = parseInt(Math.random() * 33 + 1);
n[5] = parseInt(Math.random() * 33 + 1);
n[6] = parseInt(Math.random() * 16 + 1);
alert(" 本期的中奖号码为：" + n);
```

数组 n 中前 6 个元素都为 1~33 之间的随机整数，由于使用 Math.random() 方法可以得到 [0,1) 之间的随机数，那我们将它乘以 33 再加 1 取值范围就变成了 [1,34) 之间的随机数（包含 1，不包含 34），所以最大值可以取到 33.9999...，那么当我们使用 parseInt() 方法进行取整的时候小数部分就会被删掉，所以就可以取到 1~33 之间的随机整数了。

（1）使用数组存储“飞机大战”、“捕鱼达人”和“我的世界”这三个元素，以下代码正确的是（　　）。

A. var games = [“飞机大战”，“捕鱼达人”，“我的世界”];

B. var games = [飞机大战，捕鱼达人，我的世界];

C. var games = { “飞机大战”，“捕鱼达人”，“我的世界” };

D. var games = [“飞机大战”；“捕鱼达人”；“我的世界”];

（2）以下关于数组的说法正确的是（　　）。

A. 数组中可以存储数字和字符串，不能存储对象

B. 数组中只能存储字符串

C. 数组中可以存储对象

D. 数组中只能存储对象

（3）定义数组 cars，存储 Car 对象，请在横线处将程序补充完整。

```
function Car(type, color, weight) {
    this.type  =  type;
    this.color = color;
    this.weight = weight;
}
```

type	color	weight
宝马	红色	2000
奥迪	黑色	1500
奔驰	白色	3000

var cars = [____________________,

____________________,

____________________];

（4）请看下列代码：

```
var cars = [new Car(" 宝马 ", " 红色 ", 2000),
            new Car(" 奥迪 ", " 黑色 ", 1500),
            new Car(" 奔驰 ", " 白色 ", 3000)];
```

若在警告框中显示奥迪车的相关信息，下列选项正确的是（　　）。

A. alert(cars[2].type + " : " + cars[2].color + " : " + cars[2].weight);

B. alert(cars[1].type + " : " + cars[1].color + " : " + cars[1].weight);

C. alert(cars.type + " : " + cars.color + " : " + cars.weight);

D. alert(cars(1).type + " : " + cars(1).color + " : " + cars(1).weight);

（5）数组的下标从几开始，下列选项正确的是（　　）。

A. 1　　B. 2　　C. 3　　D. 0

（6）请看下列代码：

var fruit = [" 苹果 ", " 香蕉 ", " 火龙果 "];

若要访问 fruit 数组中的“火龙果”元素，下列选项中正确的是（　　）。

A. fruit(3);　　B. fruit[3];

C. fruit(2);　　D. fruit[2];

（7）先定义一个数组 course，然后再进行赋值，下列选项正确的是（　　）。

A. var course = [];
   course[0] = " 数学 ";
   course[1] = " 语文 ";
   course[2] = " 英语 ";

B. var course = [" 数学 ", " 语文 ", " 英语 "];

（8）数组 fruits 存储 Fruit 对象，请在横线处将程序补充完整。

```
function Fruit(type, color, weight) {
    this.type = type;
    this.color = color;
    this.weight = weight;
}
```

type	color	weight
苹果	红色	1
香蕉	黄色	1
西瓜	绿色	2

var fruits = [________________________,
　　new Fruit(" 香蕉 ", " 黄色 ", 1),
　　new Fruit(" 西瓜 ", " 绿色 ", 2)];

（9）若访问数组 fruits 存储的香蕉对象的属性，请在横线处将程序补充完整。

```
var fruits = [new Fruit(" 苹果 ", " 红色 ", 1),
              new Fruit(" 香蕉 ", " 黄色 ", 1),
              new Fruit(" 西瓜 ", " 绿色 ", 2)];
```

type	color	weight
苹果	红色	1
香蕉	黄色	1
西瓜	绿色	2

alert(____________+ " : " +______________+ " : " +______________);

创建数组 fish，存储 Fish 对象，并在警告框中显示带鱼的相关信息。

Fish 对象的 3 个属性及属性值如下：

type	color	weight
金鱼	白色	2
鲤鱼	红色	3
带鱼	银色	2

必做题

创建数组 balls，存储 Ball 对象，并在警告框中显示足球的相关信息。

Ball 对象的 3 个属性及属性值如下：

type	color	size
篮球	橙色	中号
足球	白色	小号
排球	银色	大号

选做题

创建数组 stus，存储 Student 对象，并在警告框中显示张小利的相关信息。

Student 对象的 3 个属性及属性值如下：

name	number	score
刘小美	11	99
王小强	3	98
张小利	15	97

第十二课　数组的应用以及 switch 语句

知识目标

- 数组的应用
- switch 语句的基本用法
- break 关键字的使用
- confirm 语句的用法

项目目标

- 运用数组存储 Enemy 对象并实现飞机移动

用数组存储正方形对象

正方形的属性和方法：

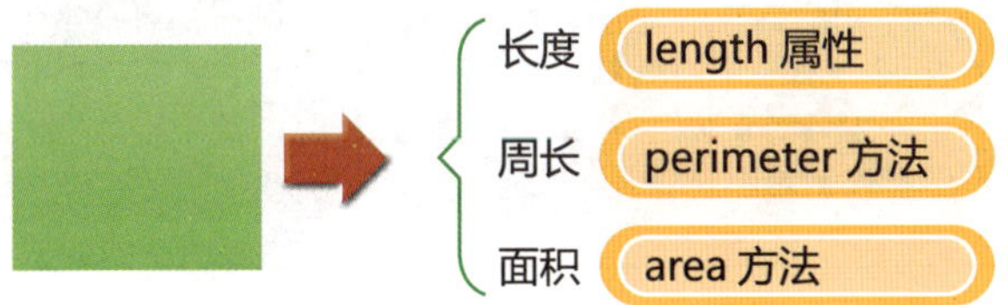

定义 Square 构造方法：

```
function Square(length) {
    this.length = length;
    this.perimeter = function() {
        return this.length * 4;
    }
    this.area = function() {
        return this.length * this.length;
    }
}
```

- 构造方法名 Square 首字母 S 应大写。
- 在构造方法中定义属性和方法应先写关键字 this。

创建正方形对象：

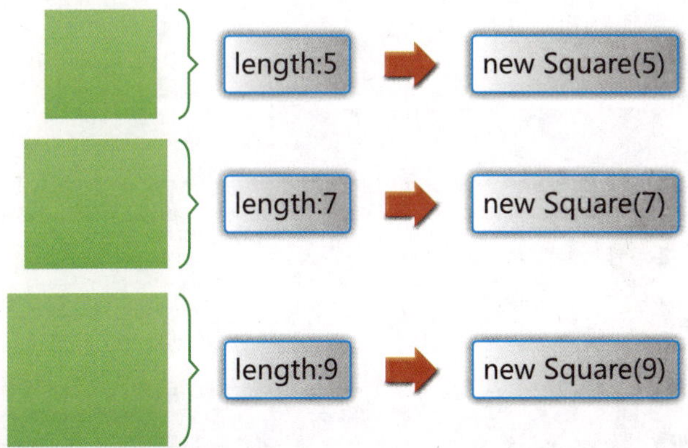

用数组存储正方形对象：

第一种方式（创建数组，并赋值）：

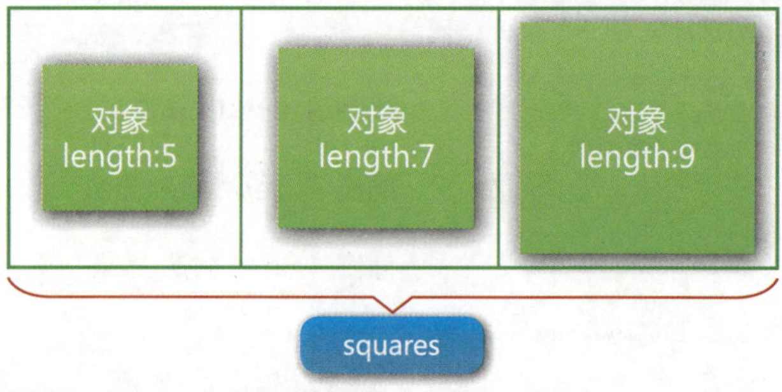


```
var squares = [new Square(5), new Square(7), new Square(9)];
```

第二种方式（先创建数组，然后再给数组赋值）：

```
var squares = [];
squares[0] = new Square(5);
squares[1] = new Square(7);
squares[2] = new Square(9);
```

调用数组中存储的正方形对象的方法：

```
alert(squares[1].perimeter() + ":"+ squares[1].area());
```

- 调用对象的方法：对象名 . 方法名 ()。
- 由于 squares 数组中存储的是正方形对象元素，要想调用数组中存储的正方形对象的方法，需要先访问到正方形对象元素。因此，squares[1] 也就相当于对象名。

代码的运行结果为：

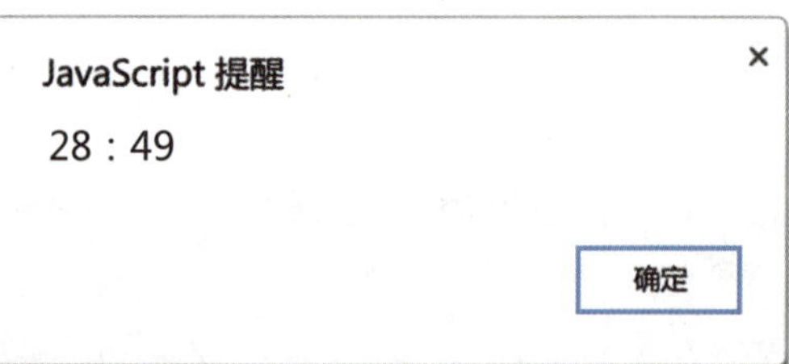

使用数组存储敌机对象

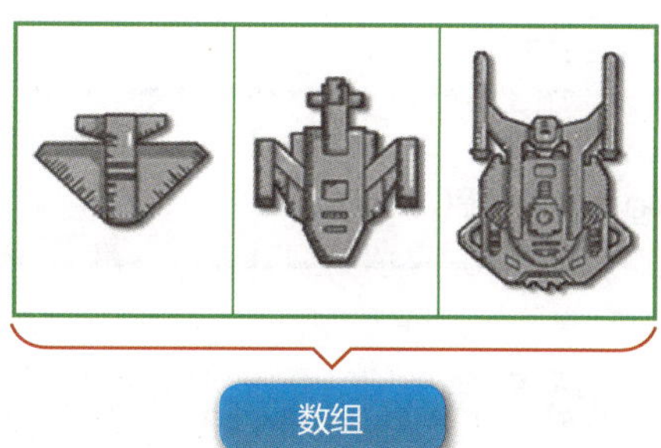

由于大、中、小三种类型的飞机都是敌机对象，所以我们创建一个数组来存储所有的敌机对象，以方便我们对敌机对象做整体操作。

敌机对象的属性：

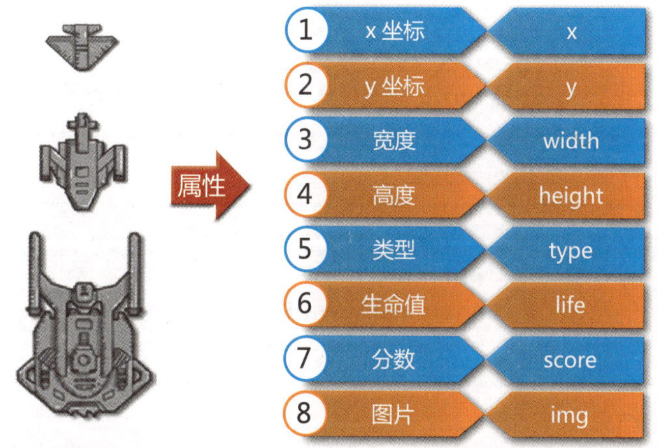

三种类型的敌机都拥有相同的属性名，但属性值却各不相同，所以我们使用传参的方式来创建不同属性值的敌机对象。

定义 Enemy 构造方法：

```
function Enemy(x, y, width, height, type, life, score, img) {
    this.x = x;
    this.y = y;
    this.width = width;
    this.height = height;
    this.type = type;
    this.life = life;
    this.score = score;
    this.img = img;
}
```

声明变量存储敌机的 x 坐标：

```
var x = Math.random() * (480 - 57);
var x1 = Math.random() * (480 - 69);
```

使用数组存储敌机对象：

敌机 \ 属性	x	y	width	height	type	life	score	img
敌机1	随机数x	-51	57	51	1	1	1	enemy1
敌机2	随机数x1	-95	69	95	2	3	5	enemy2
敌机3	随机数x2	-258	169	258	3	20	20	enemy3

```
var enemies = [] ;
enemies[0] = new Enemy(x, -51, 57, 51, 1, 1, 1, enemy1);
enemies[1] = new Enemy(x1, -95, 69, 95, 2, 3, 5, enemy2);
```

访问数组中存储的敌机对象的属性：

```
alert(" 敌机 x 值是：" + enemies[1].x + ":" +
      " 敌机 y 值是：" + enemies[1].y + ":" +
      " 敌机的宽是：" + enemies[1].width + ":" +
      " 敌机的分数是：" + enemies[1].score);
```

代码的运行结果如下：

JavaScript 提醒 ×

敌机 x 值是：94.19287847913802：敌机 y 值是：-95：敌机的宽是：69：敌机的分数是：5

确定

画出敌机并使敌机移动

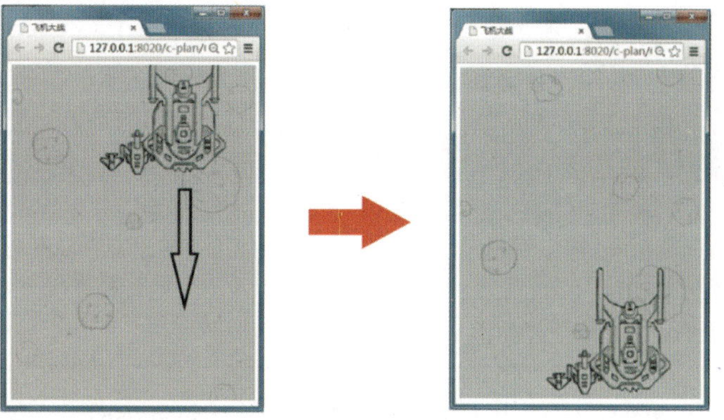

想要实现上图的效果，分为以下三个步骤。

- 第一步：将敌机对象存储在数组中。
- 第二步：在画布上画出敌机。
- 第三步：使敌机移动。

（1）将敌机对象存储在数组中：

```
var x = Math.random() * (480 - 57);
var x1 = Math.random() * (480 - 69);
var enemies = [ ];
enemies[0] = new Enemy(x, -51, 57, 51, 1, 1, 1, enemy1);
enemies[1] = new Enemy(x1, -95, 69, 95, 2, 3, 5, enemy2);
```

（2）在画布上画出敌机：

在 Enemy 构造方法中定义 paint 方法：

```
function Enemy(x, y, width, height, type, life, score, img) {
    ......
    this.img = img;
    this.paint = function(ctx) {
        ctx.drawImage(this.img, this.x, this.y);
    }
}
```

调用敌机对象的 paint 方法，将敌机画在画布上：

```
setInterval(function() {
    sky.paint(ctx);
    sky.step();
    enemies[0].paint(ctx);
    enemies[1].paint(ctx);
},10);
```

- 之前在 enemies 数组中，下标为 0 的位置存储的是小型敌机对象，下标为 1 的位置存储的是中型敌机对象。如果想将它们画在画布上，需要先访问这些敌机对象元素，然后调用它们的 paint 方法即可。

使敌机移动：

在 Enemy 构造方法中定义 step 方法：

```
function Enemy(x, y, width, height, type, life, score, img) {
    ......
    this.img = img;
    this.paint = function(ctx) {
        ctx.drawImage(this.img, this.x, this.y);
    }
    this.step = function() {
        this.y = this.y + 2;
    }
}
```

调用敌机对象的 step 方法，实现敌机移动：

```
setInterval(function() {
     sky.paint(ctx);
     sky.step();
     enemies[0].paint(ctx);
     enemies[1].paint(ctx);
     enemies[0].step();
     enemies[1].step();
},10);
```

同样的道理，要实现敌机的移动，应先访问这些敌机对象元素，然后再调用它们的 step 方法即可。

switch 语句

switch 语句：用于不同的条件来执行不同的动作。

语法：

```
switch( 表达式 ) {
    case 值 1:
        // 执行代码块 1
    case 值 2:
        // 执行代码块 2
    case 值 3:
        // 执行代码块 3
    default:
        // 执行代码块 4
}
```

- 当表达式的值与 case 后的值相匹配时，程序从该分支开始执行。执行完该分支之后，程序还会继续向下执行其他的分支，直至 switch 语句结束。
- 当表达式的值与所有 case 后的值都不匹配时，程序进入 default 分支。

使用 switch 语句判断路口：

```
var roadName = prompt(" 请输入 A-C 之间的路口名：");    ①
switch(roadName) {                                       ②
    case "A":                                            ③
        alert("A 路口 ");
    case "B":
        alert("B 路口 ");
    case "C":
        alert("C 路口 ");
    default:
        alert(" 没有你要走的路口 ");                      ④
}
```

① 声明变量 roadName，接收用户在信息提示输入框中输入的路口名。

② 使用 switch 语句判断路口。

③ 当表达式 roadName 的值与 case 后的值相匹配时，程序从该分支开始执行。

④ 当表达式 roadName 的值与所有 case 后的值都不匹配时，程序进入 default 分支。

- 上述程序的执行过程举例分析：在信息提示输入框中输入“A”，变量 roadName 中存储了字符串“A”，然后使用 switch 语句进行判断，此时，与 case 后的“A”匹配，进入该分支，在警告框上显示“A 路口”。接着，继续向下执行其他的分支，在警告框上显示“B 路口”、“C 路口”，以及“没有你要走的路口”。

break 关键字

语法：

```
switch( 表达式 ) {
    case 值 1:
        // 执行代码块 1
        break ;
    case 值 2:
        // 执行代码块 2
        break ;
    case 值 3:
        // 执行代码块 3
        break ;
    default:
        // 执行代码块 4
}
```

break：用于结束 switch 语句，从而使程序只执行匹配的分支。如果没有了 break 关键字，则该 switch 语句的所有分支都将被执行。

使用 switch 语句及 break 关键字判断路口：

```
var roadName = prompt(" 输入 A-C 之间的路口名：");
switch(roadName) {
    case "A":
        alert("A 路口 ");
        break;                          // 停止执行 switch 语句
    case "B":
        alert("B 路口 ");
        break;                          // 停止执行 switch 语句
    case "C":
        alert("C 路口 ");
        break;                          // 停止执行 switch 语句
    default:
        alert(" 没有你要走的路口 ");
}
```

上述程序的执行过程举例分析：在信息提示输入框中输入“A”，变量

roadName 中存储了字符串“A”， 然后使用 switch 语句进行判断。此时，与 case 后的“A”匹配，进入该分支，在警告框上显示“A 路口”， 紧接着遇到 break 关键字，跳出 switch 语句。同样的道理，在信息提示输入框中输入“B”，进入该分支， 在警告框上显示“B 路口”，紧接着遇到 break 关键字，跳出 switch 语句。

confirm() 方法

定义：

confirm() 方法用于显示一个带有指定消息和确定及取消按钮的对话框。

用法：

小括号里的内容为在弹出的消息对话框中显示的内容。

如果用户点击“确定”按钮，则 confirm() 返回 true；点击“取消”按钮，则 confirm() 返回 false。

注意：对话框按钮的文字是不可改变的，因此要小心地编写问题或消息，使它适合用确定和取消来回答。

confirm() 方法的使用

```
var a = confirm(" 确定对该武器进行升级吗？ ");
if ( a == true ) {
    alert(" 升级成功，武器目前等级 39");
}
if ( a == false ) {
    alert(" 取消本次武器升级，目前等级 38");
}
```

如果点击“确定”按钮，a 的值为 true，弹出警告框显示“升级成功，武器目前等级 39”；如果点击“取消”按钮，a 的值为 false，弹出警告框显示“取消本次武器升级，目前等级 38”。

（1）用数组存储汽车对象，下面先创建数组 cars，再进行赋值，下列选项中正确的是（ ）。

type	color	weight
宝马	红色	2000
奥迪	黑色	1500
奔驰	白色	3000

```
function Car(type, color, weight) {
    this.type = type;
    this.color = color;
    this.weight = weight;
}
```

A.
```
var cars = [new Car(" 宝马 ", " 红色 ", 2000),
            new Car(" 奥迪 ", " 黑色 ", 1500),
            new Car(" 奔驰 ", " 白色 ", 3000)];
```

B.
```
var cars = [ ];
cars[0] = new Car(" 宝马 ", " 红色 ", 2000);
cars[1] = new Car(" 奥迪 ", " 黑色 ", 1500);
cars[2] = new Car(" 奔驰 ", " 白色 ", 3000);
```

（2）访问数组 cars，在警告框中显示宝马的相关信息，下列选项正确的是（ ）。

type	color	weight
宝马	红色	2000
奥迪	黑色	1500
奔驰	白色	3000

```
var cars = [ ];
cars[0] = new Car(" 宝马 ", " 红色 ", 2000);
cars[1] = new Car(" 奥迪 ", " 黑色 ", 1500);
cars[2] = new Car(" 奔驰 ", " 白色 ", 3000);
```

A. alert(cars(0).type + ":" + cars(0).color + ":" + cars(0).weight);

B. alert(cars[1].type + ":" + cars[1].color + ":" + cars[1].weight);

C. alert(cars[0].type + ":" + cars[0].color + ":" + cars[0].weight);

D. alert(cars(1).type + ":" + cars(1).color + ":" + cars(1).weight);

（3）运行下列代码，在警告框中显示的内容为（　　）。

```
var n = 2;
var s = 0;
switch(n) {
    case 1:
        s = 1;
    case 2:
        s = 2;
    case 3:
        s = 3;
    case 4:
        s = 4;
    default:
        s = " 不在范围内 ";
}
alert(s);
```

A. 2　　　　B. 4　　　　C. 不在范围内

（4）运行下列代码，在警告框中显示的内容为（　　）。

```
var n = 2;
var s = 0;
switch(n) {
    case 1:
        s = 1;
    case 2:
        s = 2;
    case 3:
        s = 3;
    case 4:
        s = 4;
        break;
    default:
        s = " 不在范围内 ";
}
alert(s);
```

A. 2　　　　B. 4　　　　C. 不在范围内

（1）使用 switch-case 语句实现：

1）有英语、奥数、美术 3 个补习班，上课时间分别是星期一、星期三、星期五。

2) 输入 “英语”、“奥数”、“美术”时，显示对应的上课时间。

3) 如果你输入的课程不存在，则显示“你输入的课程不存在”。

(2) 根据题目要求，完成相应的代码。

1) 用传参的方式创建构造方法 Tools(工具)，包含两个参数：name(武器名称)、attack (攻击力) 。

2) 使用 switch-case 语句来实现：输入 1 ~ 3，创建不同的武器对象 (例如：var sword = new Tools(" 剑 "，100)；)并将对象存储到 equips(装备) 数组中。

3) 使用 confirm 方法查看 equips(装备) 中的武器，若点击“确定”按钮，在警告框中输出武器的名称 (访问武器对象的 name 属性) ；若点击“取消”按钮，则不显示任何内容。

必做题

使用 switch-case 语句实现：

1) 课后活动：只有周一、周二、周三有课后活动。

2) 输入“周一”显示篮球课，“周二”显示足球课，“周三”显示乒乓球课。

3) 输入其他信息显示“无课后活动”。

选做题

使用 switch-case 语句实现：

1) 使用 prompt 方法输入考试成绩，声明变量 score 接收输入值。

2) 根据不同的输入值弹出警告框显示对应的等级。

分数	等级
score>=90	A
80<=score<90	B
70<=score<80	C
60<=score<70	D
score<60	不及格

电脑中的快捷键

F1：显示当前程序或者 Windows 的帮助内容

F2：当你选中一个文件时，按 F2 键将对此文件进行“重命名”

F3：当你在桌面上的时候打开“查找：所有文件” 对话框

F10 或 Alt 激活当前程序的菜单栏

Windows 键或 Ctrl+Esc 打开“开始”菜单

Ctrl+Alt+Delete 在 Win9x 中打开关闭程序对话框

Delete：删除被选择的选择项目，如果是文件，将被放入“回收站”

Shift+Delete：删除被选择的项目，如果是文件，将被直接删除而不是放入“回收站”

Ctrl+N：新建一个新的文件

Ctrl+O：打开“打开文件”对话框

Ctrl+P：打开“打印”对话框

Ctrl+S：保存当前操作的文件

Ctrl+X：剪切被选择的项目到剪贴板

Ctrl+Insert 或 Ctrl+C：复制被选择的项目到剪贴板

Shift+Insert 或 Ctrl+V：粘贴剪贴板中的内容到当前位置

Alt+Backspace 或 Ctrl+Z：撤销上一步的操作

Alt+Shift+Backspace：重做上一步被撤销的操作

课后心得

第十三课 splice() 方法、switch 语句和数组

知识目标

- switch 语句在飞机大战游戏中的应用
- 数组在飞机大战游戏中的应用

项目目标

- 创建不同的敌机对象

splice() 方法

基本用法：

注：splice() 方法：向数组中添加或删除元素。

这节课我们重点学习如何向数组中添加元素，如下图所示：

数组中添加元素的起始位置

0 代表添加元素

数组名 .splice(0，0，需要添加的元素);

在数组中下标为 0 的位置添加元素

splice() 方法的应用：

先来看下面这段代码：

```
var arr=["a", "b", "c", "d", "e"];
arr[0] = "1";
alert(arr);
```

代码运行结果如下：

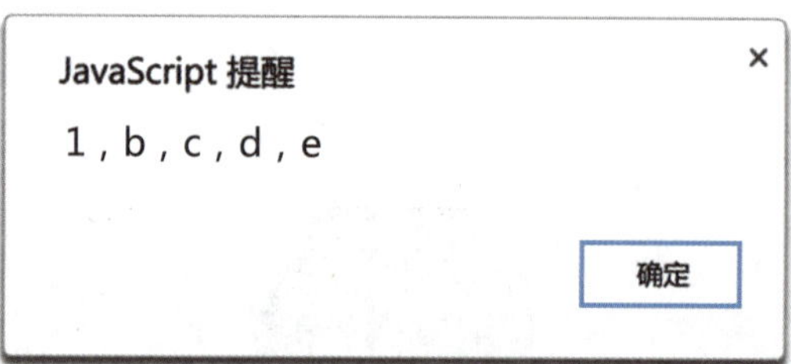

为什么会出现上述结果呢？因为 arr[0] = "1"; 这句代码相当于给 arr 数组中下标为 0 位置的元素重新赋值为字符串 "1" 了，因此会在警告框上显示 "1, b, c, d, e"。

想要向数组中添加元素，就需要使用 splice 方法了。例如，向 arr 数组中下标为 0 的位置添加元素 "2"，代码如下：

```
var arr=["a",  "b", "c", "d", "e"];
arr.splice(0, 0, "2");
alert(arr);
```

代码运行结果如下：

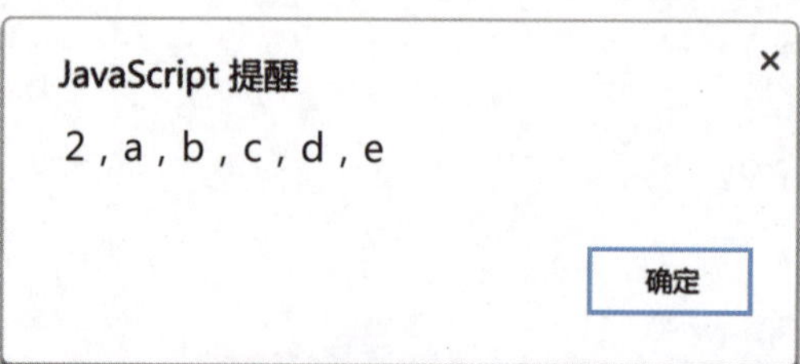

下面，我们针对之前所学习的使用 splice() 方法向数组中添加元素的相关知识做一个练习。向数组中下标为 3 的位置添加元素 "3"，代码如下：

```
var arr=["a", "b", "c", "d", "e"];
arr.splice(3, 0, "3");
alert(arr);
```

代码运行结果如下：

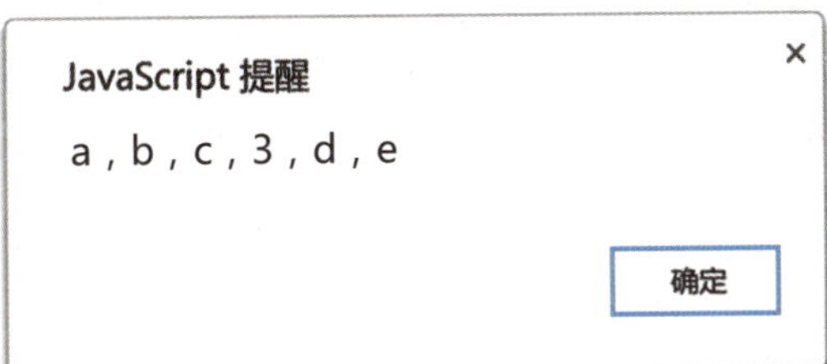

splice() 方法——替换元素

数组中替换元素的起始位置

2 代表要删除的项数

数组名 .splice(1 , 2 , 需要替换的元素);

```
数组名 .splice(1, 2, 需要替换的元素 );
```

请看如下代码：

```
var colors = ["red", "green", "blue"];
colors.splice( 1, 2, "yellow", "black ");
alert(colors);
```

上述代码的意思是，从数组下标元素为 1 的位置开始，向后替换掉两个元素，这两个元素包括下标为 1 的元素，在这里 colors[1]、colors[2] 两个元素里面的值，被替换成了 "yellow" 和 "black"。

代码运行结果如下：

JavaScript 提醒 ×

red，yellow，black

确定

逻辑或：||

让我们来回顾一下这个运算符的用法：

实例：

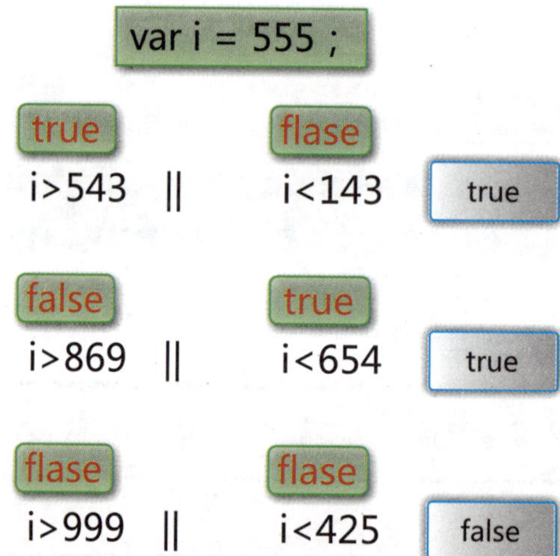

随机产生不同类型的敌机

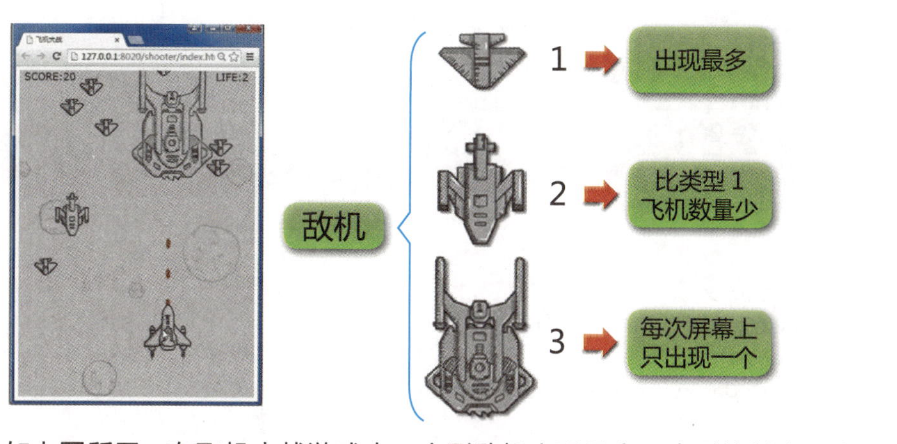

如上图所示，在飞机大战游戏中，小型敌机出现最多，中型的其次，大型的敌机最少。那么，如何随机产生不同类型的敌机呢？

(1) 模拟生成不同类型的敌机：

我们要让三种类型的敌机出现的概率不一样，就需要使用 switch 语句了。可以给 switch 语句的表达式设定为 0 ~ 9 之间的整数，0 ~ 7 之间生成小型敌机，8 生成中型敌飞机，9 生成大型敌飞机。另外，还需要保证所有的敌飞机是随机出现的，这时就需要使用 Math.random() 方法了。

声明变量 n，存储随机生成的 [0,10) 之间的整数：

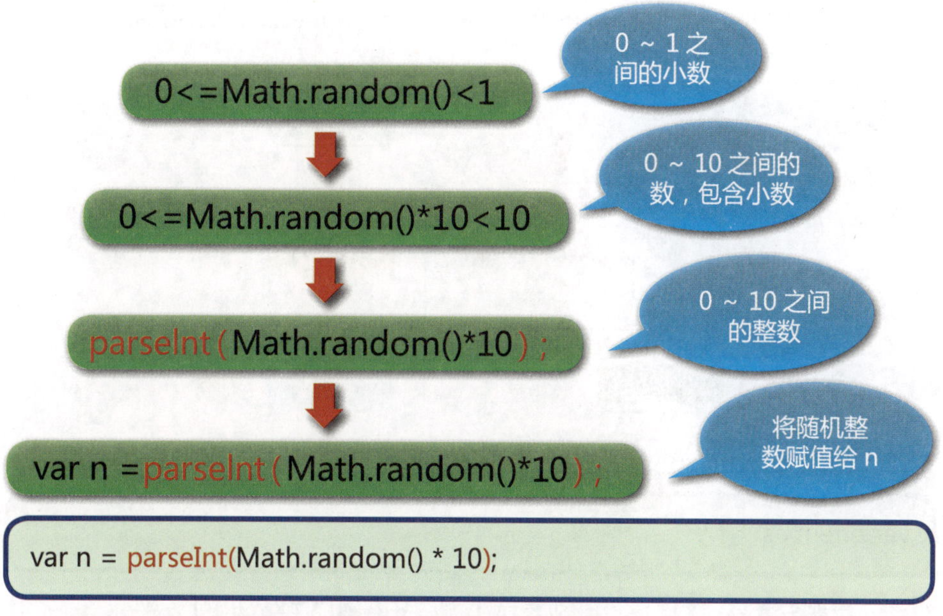


```
var n = parseInt(Math.random() * 10);
```

使用 switch 语句，模拟生成不同类型的敌机：

```
var n = parseInt(Math.random() * 10);
switch(n) {
    case 0:
    case 1:
    case 2:
    case 3:
    case 4:
    case 5:
    case 6:
    case 7:
        alert(" 飞机类型为 1");
        break;
    case 8:
        alert(" 飞机类型为 2");
        break;
    case 9:
        alert(" 飞机类型为 3");
}
```

（2）随机生成不同类型的敌机：

由于在飞机大战游戏中，小型敌飞机出现的最多，中型其次，大型最少。为了达到这一效果，我们将大型敌飞机存储到数组中下标为 0 的位置，小型敌飞机存储到下标为 1 的位置，中型敌飞机存储到下标为 2 的位置，如下图所示：

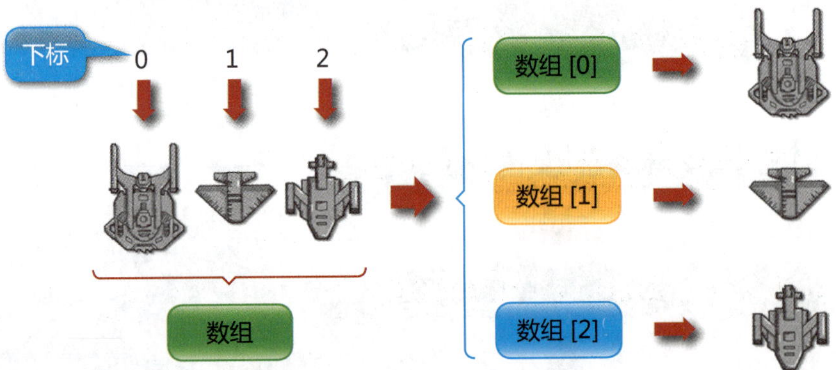

创建 enemies 数组，存储不同类型的敌机对象：

```
var enemies = [ ];
```

声明变量 x、x1、x2 分别表示小型、中型和大型敌机的 x 坐标：

```
var x = Math.random() * (480 - 57);
var x1 = Math.random() * (480 - 69);
var x2 = Math.random() * (480 - 169);
```

声明变量 n，存储随机生成的 [0,10) 之间的整数：

```
var n = parseInt(Math.random() * 10) ;
```

使用 switch 语句，生成不同类型的敌机：

```
switch(n) {
    case 0:
    ......
    case 6:
    case 7:
        enemies[1] = new Enemy(x, 0, 57 , 51 , 1 , 1 , 1 , enemy1);
        break;
    case 8:
        enemies[2] = new Enemy(x1, 0, 69, 95 , 2 , 3 , 5 , enemy2);
        break;
    case 9:
        enemies[0] = new Enemy(x2, 0, 169, 258, 3, 20, 20 , enemy3);
}
```

此时我们发现，程序每执行一次只是向 enemies 数组中存储一个敌机对象。要想把很多敌机对象都存储到 enemies 中，就需要把相关的代码封装成一个方法，并在定时器当中每隔 10 毫秒调用这个方法。

```
var enemies = [ ];
function componentEnter() {
    var x = Math.random() * (480 - 57);
    var x1 = Math.random() * ( 480 - 69);
    var x2 = Math.random() * (480 - 169);
    var n = parseInt(Math.random() * 10);
    switch(n) {
        case 0:
        ......
        case 6:
        case 7:
            enemies[1] = new Enemy(x, 0, 57, 51, 1, 1, 1, enemy1);
            break;
        case 8:
            enemies[2] = new Enemy(x1, 0, 69, 95, 2, 3, 5, enemy2);
            break;
        case 9:
            enemies[0] = new Enemy(x2, 0, 169, 258, 3, 20, 20, enemy3);
    }
}
```

在定时器中调用 componentEnter() 方法：

```
setInterval(function() {
    sky.paint(ctx);
    sky.step();
    componentEnter();
    enemies[1].paint(ctx);
    enemies[2].paint(ctx);
    enemies[0].paint(ctx);
}, 10);
```

这个时候，我们又发现了一个新问题：在画布上只出现了 3 架敌机，而且敌机还不断地在变换位置，这是为什么呢？这是因为：

当 n 的值为 0 ~ 7 时，向 enemies 数组中下标为 1 的位置添加小型敌机对象。

当 n 的值为 8 时，向 enemies 数组中下标为 2 的位置添加中型敌机对象。

当 n 的值为 9 时，向 enemies 数组中下标为 0 的位置添加大型敌机对象。

随着程序的执行，我们在不断地给不同位置的敌机对象元素重新赋值，而且每一次随之也相应重新随机产生一个 x 坐标。因此，会出现三架敌机不断变换位置的效果。

那么，如何解决这个问题呢？

```
var enemies = [ ];
var i = 0;
function componentEnter() {
    ......
    switch(n) {
        case 0:
        ......
        case 6:
        case 7:
            enemies[i] = new Enemy(x, 0, 57, 51, 1, 1, 1, enemy1);
            break;
        case 8:
            enemies[i] = new Enemy(x1, 0, 69, 95, 2, 3, 5, enemy2);
            break;
        case 9:
            enemies[0] = new Enemy(x2, 0, 169, 258, 3, 20, 20, enemy3);
    }
    i = i + 1;
}
```

此时运行代码发现，大型敌机还在不断地变换位置，这是为什么呢？

还是一样的原因，随着程序的执行，在不断地给下标为 0 位置的元素重新赋值，而且每一次随之也重新随机产生一个 x 坐标。要想解决这个问题就需要用到 splice 方法，向 enemies 数组中下标为 0 的位置添加大型敌机对象元素。如下图所示：

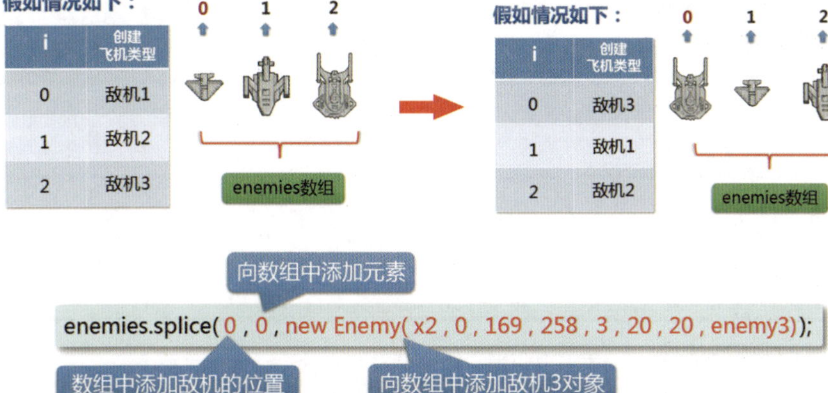

为了控制大型敌机每次在屏幕上方只出现一次，就需要满足一定的条件才能向 enemies 数组中下标为 0 的位置添加元素。满足什么条件呢？

- enemies 数组中下标为 0 的位置不存在元素

  enemies[0] == undefined

- enemies 数组中下标为 0 的位置已存在元素，但是该敌机对象的 type 属性值不为 3。

enemies[0].type != 3

完整代码如下：

```
function componentEnter() {
    ......
    switch(n) {
        case 0:
        ......
        case 6:
        case 7:
            enemies[i] = new Enemy(x, 0, 57, 51, 1, 1, 1, enemy1);
            break;
        case 8:
            enemies[i] = new Enemy(x1, 0, 69, 95, 2, 3, 5, enemy2);
            break;
        case 9:
            if(enemies[0] == undefined || enemies[0].type != 3) {
                enemies.splice(0, 0, new Enemy(x2, 0, 169, 258, 3, 20, 20, enemy3));
            }
    }
    i = i + 1;
}
```

（1）请看下列代码：

```
var a = 3.9;
var b = 3.1;
alert(parseInt(a) > b);
```

上述代码的运行结果正确的是（　　）。

A. true　　　　B. false

（2）请看下列代码：

```
var a = 17.98;
var b = 17.23;
var c = parseInt(a);
var d = parseInt(b);
```

alert(c < d) 的结果下列选项正确的是（　　）。

A. true　　　　B. false

（3）下列代码执行结束后，arr 数组内应包含哪些元素（　　）。

```
var arr = ["a", "b", "c", "d"];
arr.splice(1, 0, 10);
alert(arr);
```

A. ["a", "10", "c", "d"]

B. ["a", "10", "b", "c", "d"]

C. ["10", "a", "b", "c", "d"]

D. ["a", "b", "c", "d", "10"]

（4）请看下列代码，a、b、c 三个变量的值如下：

```
var a = 5;
var b = 3;
var c = 7;
```

下列表达式返回值是 false 的是（　　）。

A. a>b || c<a　　　　B. a>7 || b<a

C. a=c || b<c　　　　D. a>c || b<3

（5）向数组 arr=[1, 2, 3, 4] 中 2 的后面添加元素 1，补全下面代码：

```
arr.splice( , , );
```

（6）var i = 7; 下列逻辑或（||）关系表达式正确的是（　　）。

A. i>13 || i<5 true　　B. i>10 || i<8 true

C. i<5 || i>6 false　　D. i<9 || i>5 false

有数组如下：var arr = [" 语文 ", " 数学 ", " 英语 ", " 体育 ", " 劳动 "];
信息提示框提示输入 0 ~ 5 之间的数字，赋值给变量 n。
在 arr[n] 的位置添加 " 编程 "，n 不在 0 ~ 5 范围内，不添加。
使用警告框显示数组 arr 的内容。

必做题

创建 1 个数组 courses，并赋值为足球课、篮球课和排球课。
将“乒乓球课”添加到数组下标为 0 的位置。

选做题

用信息提示框获取 3 个数字存储在 num 数组中，再创建 1 个 arr 数组，把 num 里存储的数字按照从大到小的顺序插入到 arr 数组中。

课后心得

第十四课　document.write() 和 for 语句

知识目标

- document.write() 的基本用法
- for 语句的基本语法

项目目标

- 用 for 循环画飞机和子弹

讲一讲

document.write( )

（1）在浏览器上输出一句话。

文档对象，不用我们创建，可以直接使用

要输出的内容

```
document.write( "我们放暑假了！" );
```

文档对象的方法：在浏览器上输出一段内容

（2）代码运行结果如下：

刚刚已经学习了，想在浏览器中输出数字，直接使用 document.write( ) 方法，在小括号里写相应的数字即可。如下图所示，如果想在浏览器中输出 1 ~ 100 之间的数字，该怎么办呢？

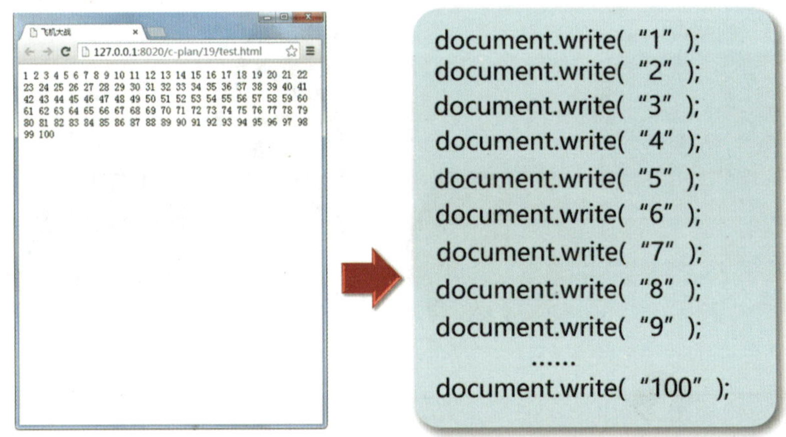

图 18–2

此时，同学们可能会想到使用 document.write() 方法写 100 遍就好了。但是，这种方式对于我们编程人员来说太复杂了。其实，我们可以采用一种便捷的方式，只需要简单的几句代码便可实现，这就需要使用今天的新知识——for 循环。

for 循环

（1）认识循环。

- 循环就是重复做同样的事。

（2）for 循环的语法格式。

```
for( ① ; ② ; ④ ){
      ③
}
```

① 参数初始化，用来对循环变量进行初始化赋值，循环开始前执行。

② 循环条件，执行循环要做的事的条件。

③ 循环要做的事，在循环条件的结果为 true 时，重复执行。

④ 步长，循环要做的事执行后执行。

```
for(var i = 1; i <= 100; i = i + 1){
   document.write(i + "  ");
}
```

（3） for 循环的执行过程：

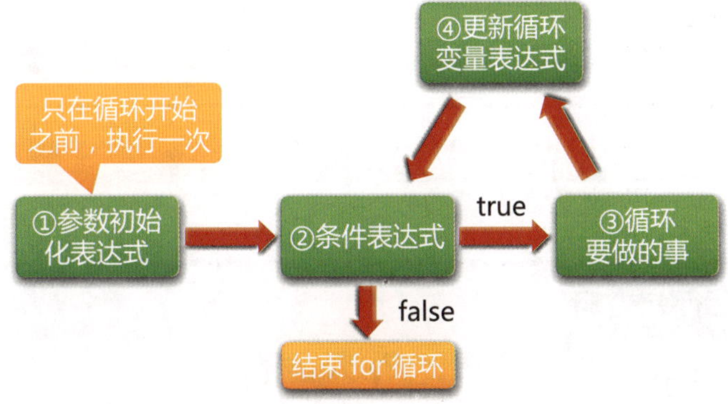

循环输出 1 ~ 100 的单数

通过观察我们可以发现：从 1 开始，每次输出的下一个数值都比前一个大 2。

```
for(var i = 1; i <= 100; i = i + 2){
  document.write(i + "  ");
}
```

1 ~ 100 之间的单数，从 1 开始，每次输出的下一个数值都比前一个大 2，即变量 i 的初值为 1，每循环一次变量 i 的值增加 2。代码运行结果如下：

循环输出 10 颗★

```
for(var i = 1; i <= 10; i = i + 1){
  document.write("★");
}
```

代码运行结果如下：

画 10 架斜向等距离的飞机

通过观察发现：从第二架飞机起，后一架飞机的 *x*、*y* 坐标比前一架飞机的 *x*、*y* 坐标的值增加 40。

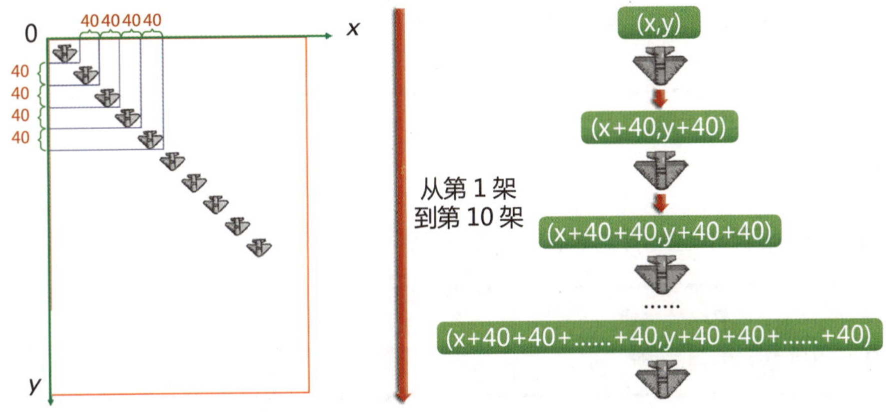

完整代码如下：

```
var x = 0;
var y = 0;
for(var i = 0; i <= 10; i = i + 1){
  ctx.drawImage(enemy, x, y);
  x = x + 40;
  y = y + 40;
}
```

for 循环的应用

使用 for 循环在浏览器中输出 10 个❤，如下图所示：

实现上图所示结果，代码的书写有多种方式，先来看第一种方式：

```
for (var i = 1; i <= 10; i = i + 1 ) {
    document.write( "❤" );
}
```

再来看第二种方式：

```
for (var i = 0; i < 10; i = i + 1 ) {
    document.write( "❤" );
}
```

换行符

（1）在浏览器中输出两个❤，代码如下：

```
document.write( "❤" );
document.write( "❤" );
```

代码运行结果如下：

（2）通过上述代码，我们在浏览器中输出的两个❤是在一行上的。倘若在浏览器中每行输出一个❤，总共输出两行，如下图所示，又该如何来实现呢？

这个时候，我们就需要使用新知识——换行符
 了。在浏览器中输出一个❤之后，输出换行，再输出❤的时候就在第二行显示了。完整代码如下：

```
document.write( "❤" );
document.write( "<br/>" );
document.write( "❤" );
```

取余运算练习

取余运算：一个数除以另一个数，返回余数。

5 % 1=0

1 % 10=1

11 % 10=1

32 % 31=1

31 % 32=31

输出 10*10 个 "❤"

使用取余运算符，在浏览器中输出 10 * 10 个 "❤"。

```
for (var i = 0; i <= 100; i = i + 1) {        ①
   document.write( "❤" );
   if(i%10 == 0){                              ②
     document.write( "<br/>" );
   }
}
```

① 使用 for 循环，在浏览器中输出 10 * 10 个❤。

② 若变量 i 的值取余 10 的结果为 0 时，在浏览器中输出换行。

代码运行结果如下：

（3）输出 66 朵❀并且一行中满 11 朵时就换行：

```
for (var i = 1; i <= 66; i = i + 1) {                ①
    document.write( "❀" );
    if (i % 11 == 0) {                               ②
        document.write( "<br/>" );
    }
}
```

① 循环输出 66 朵❀，满 11 朵换一行。

② 若变量 i 的值取余 11 的结果为 0 时，在浏览器中输出换行。

代码运行结果如下：

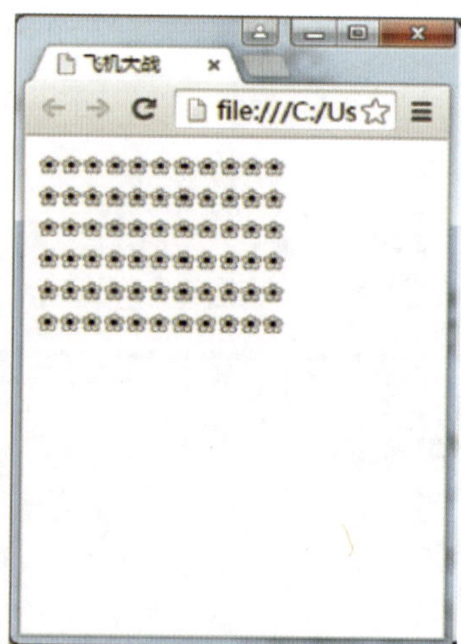

（4）在浏览器中输出如下图所示的图形：

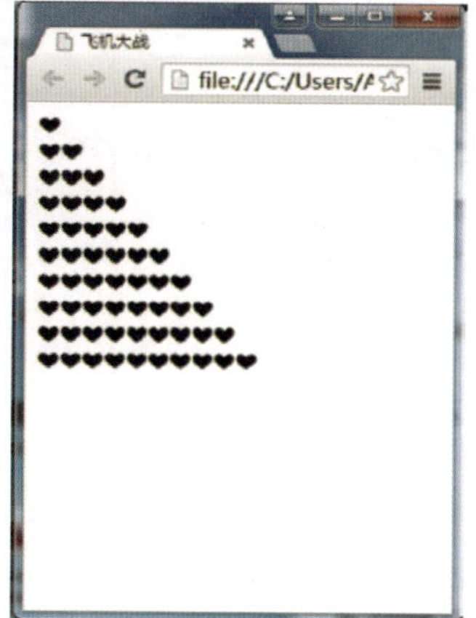

编程思路分析：

1．循环输出 10 行❤

2．每一行都比上一行多输出一个❤

❤ ➡ hearts= ❤
❤❤ ➡ hearts=hearts+ ❤
❤❤❤ ➡ hearts=hearts+ ❤
…… ➡ ……
❤❤❤❤❤❤❤❤❤ ➡ hearts=hearts+ ❤
❤❤❤❤❤❤❤❤❤❤ ➡ hearts=hearts+ ❤

完整代码如下：

```
var hearts = "❤";                         ①
for (var i = 0; i < 10; i = i + 1) {
    document.write(hearts);                ②
    document.write("<br/>");               ③
    hearts = hearts + "❤";                 ④
}
```

① 声明变量 hearts，并赋值为“❤”。

② 在浏览器中输出变量 hearts 的值。

③ 在浏览器中输出换行。

④ 变量 hearts 里存储的“❤”，在自身的基础上增加一颗。

循环输出子弹

画出如下形状的子弹：

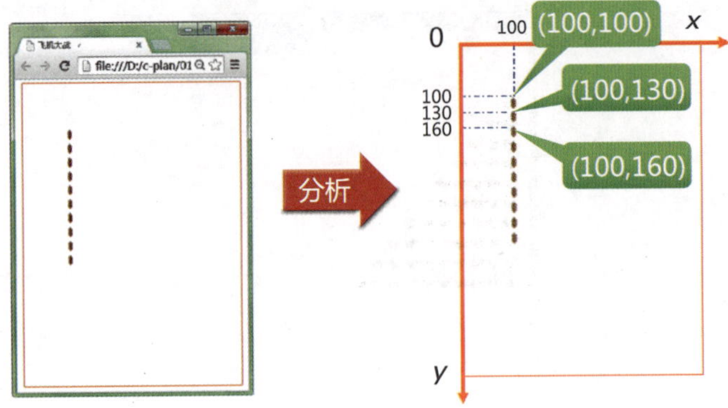

通过观察发现：要想画出如上图形状的子弹，需要使用 for 循环让子弹循环输出 10 行，而且从第二行开始每行子弹的 *y* 坐标增加 30。

完整代码如下：

```
var x = 100;                                    ①
var y = 100;                                    ②
for (var i = 1; i <= 10; i = i + 1) {           ③
    ctx.drawImage(bullet, x, y);                ④
    y = y + 30;                                 ⑤
}
```

①、② 声明变量 x 和 y，分别表示子弹的 *x* 和 *y* 坐标。

③ 使用 for 循环，画出 10 颗子弹。

④ 画子弹。

⑤ 变量 y 的值在自身的基础上增加 30。

用星（*）画一个矩形，宽 5 颗星，高 3 颗星

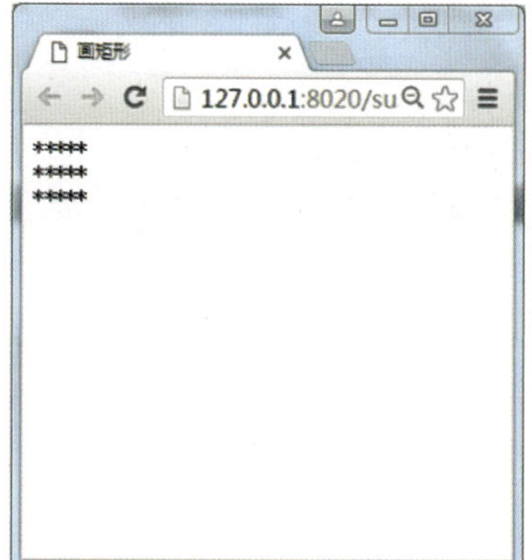

在浏览器中画出 1 颗 *：

```
document.write ("*");
```

在浏览器中画出一排 5 个 *：

```
for (var i = 1; i <= 5; i++) {
    document.write ("*");
}
```

每画完 5 个我们需要换行，代码如下：

```
for (var i = 1; i <= 5; i++) {
    document.write ("*");
}
document.write ("<br/>");
for (var i = 1; i <= 5; i++) {
    document.write ("*");
}
document.write ("<br/>");
for (var i = 1; i <= 5; i++) {
    document.write ("*");
}
document.write ("<br/>");
```

以上红色代码做的是重复的事情，所以可以用循环来实现。

代码如下：

```
for (var i = 1; i <= 3; i++) {
    for (var j = 0; j < 5; j++) {
    document.write ("*");
    }
    document.write ("<br/>");
}
```

- 第一个 for 循环控制有几排。
- 第二个 for 循环控制有几列。
-
 控制换行。

双重 for 循环练习

用心（♥）画一个矩形，宽 8 颗心，高 10 颗心，效果如下：

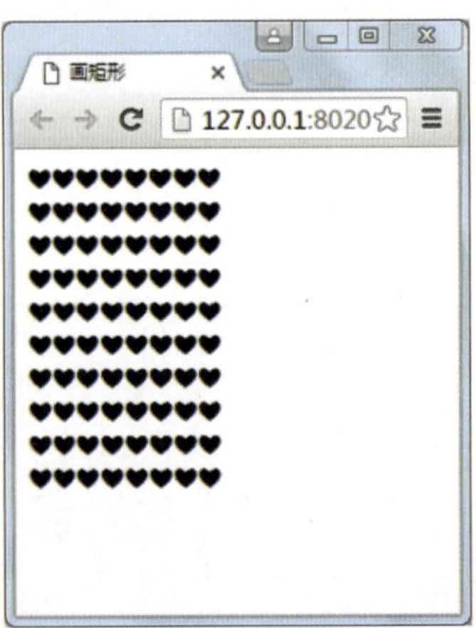

总共 10 行，8 列。

代码如下：

```
for (var i = 0; i < 10; i++) {
    for (var j = 0; j < 8; j++) {
        document.write ("❤");
    }
    document.write ("<br/>");
}
```

（1）在浏览器中输出“欢乐秀一秀”，应使用的方法正确的是（　）。

A．ctx.fillText(“欢乐秀一秀”); B. ctx.fillText(“欢乐秀一秀”, 0, 0);

C．ctx.write(“欢乐秀一秀”); D. document.write(“欢乐秀一秀”);

（2）下列 for 循环的横线处，在①②③④处填写相应的内容

```
for ( ____①____ ; ____②____ ; ____③____ ) {
    ____④____ ;
}
```

循环条件　参数初始化　步长：i 值变化　循环要做的事

（3）下列 for 循环的 4 个表达式，执行顺序正确的是（　）。

```
for ( ____①____ ; ____②____ ; ____③____ ) {
    ____④____ ;
}
```

A. ①②③④　B. ②①③④　C. ①②④③　D. ②①④③

（4）

```
for (var i = 0;______; i = i + 1) {
    document.write (i);
}
```

上述代码的执行结果如下：

那么横线处应选择的内容是（　　）。

A.i < 9;　　B. i >= 9;　　C. i < 10　　D. i <= 10;

（5）每行输出 3 个“☺”，输出 10 行，回答下列问题：

```
for (var i = 1; i <= __①__; i = i + 1) {
   document.write( "☺" );
   if( i%__②__== 0){
      document.write( "<br/>" );
   }
}
```

上述代码的执行结果如下：

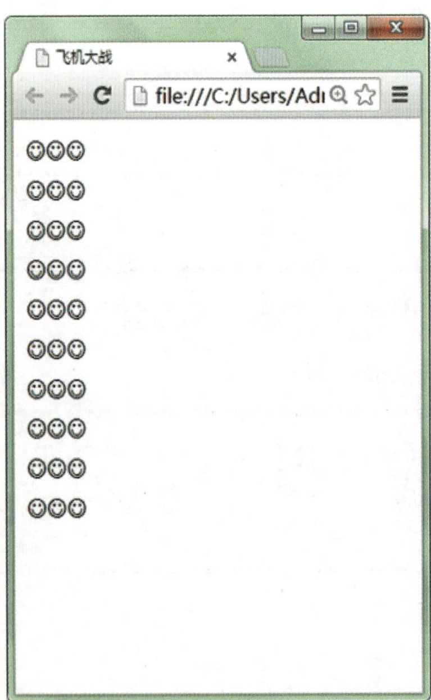

① 处填写的代码是（　　）。

A. 30　　B. 100

② 处填写的代码是（　　）。

A. 10　　　　B. 3

（6）循环输出 1 ~ 20，用下列哪个选项可以实现（　　）。

A. if　　　　B. if-else

C. else if　　　　D. for

（7）请看下图的显示效果：

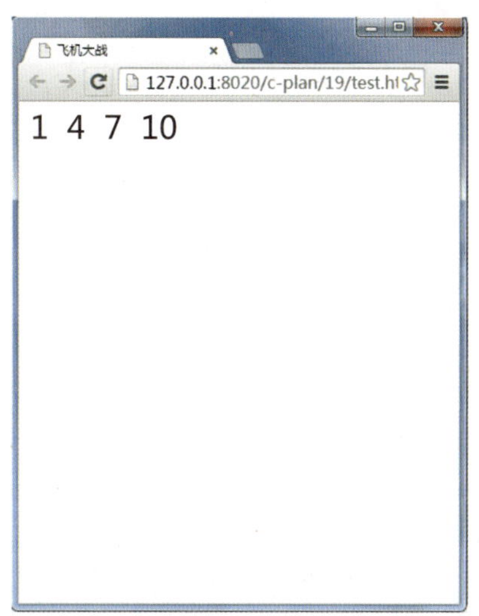

实现代码如下，横线处应该填写的内容是（　　）。

```
for ( var i = 1; i <= 10; ________ ) {
    document.write(i + "  ");
}
```

A. i = i + 1　　　　B. i = i + 2

C. i = i + 3　　　　D. i = i + 4

（8）请看下列代码：

```
for (____①____;____②____;____③____) {
    document.write(" ☺ ");
}
```

上述代码的执行结果如下：

上述代码要实现的功能为输出 10 个 ☺ ，则横线①、②、③处应填写的代码是：

①：________________

②：________________

③：________________

（9）每行输出 10 个 ☺ ，输出 10 行，如下图所示：

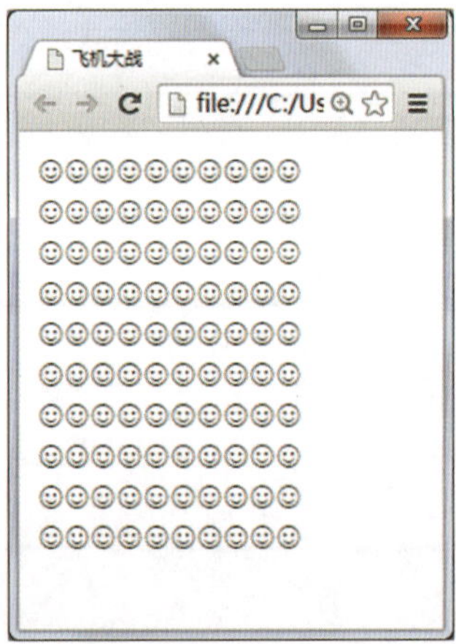

代码如下：

```
for (var i = 1; i <= 100; i = i + 1) {
    document.write (" ☺ ");
    if ( ① ) {
        document.write ("<br/>");
    }
}
```

①处填写的代码是（　　）。

A. i % 10 == 1　　B. i / 10 == 1　　C. i % 10 == 0　　D. i / 10 == 0

（1）使用 for 循环，如下图输出☆：

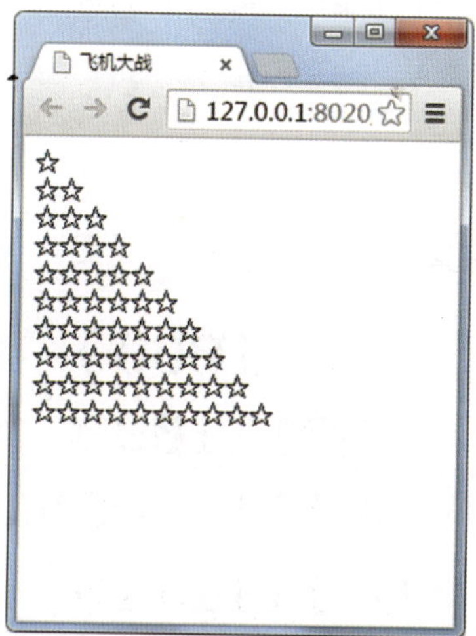

（2）使用 for 循环，输出半棵圣诞树：

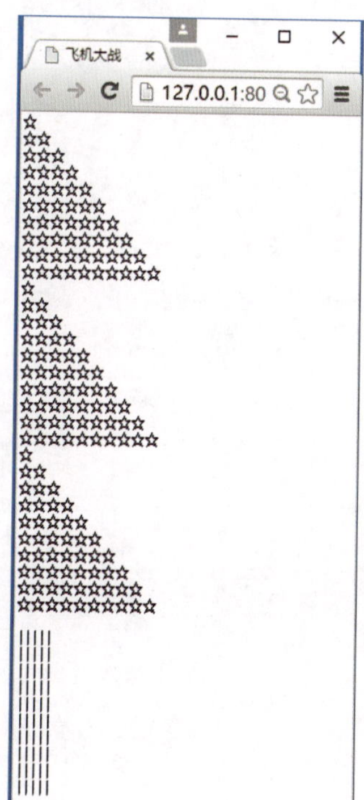

必做题

用 for 循环在浏览器中输出自己的名字，每行显示 5 个名字后，换行显示，一共输出 5 行。

选做题

用 for 循环输出如下图图案：

```
000010000
000111000
001111100
011111110
111111111
```

第十五课　累加器、数组的 length 属性

知识目标

- 累加器 i++ 的应用
- 数组的 length 属性及应用

项目目标

- 循环遍历存储敌机 x 坐标的数组

累加器 i++

```
var i = 1;
i++;
alert("i = " + i);
```

- i++：变量 i 的值在自身的基础上加 1，等价于 i = i + 1。

代码的运行结果为：

JavaScript 提醒

i=2

确定

（1）for 循环中使用 i++ 输出 10 个三角形：

```
for (var i = 1; i <= 10; i++) {
    document.write(" △ ");
}
```

（2）计算 1+2+3+...+100 的和：

```
var sum = 0;
for (var i = 1; i <= 100; i++) {
    sum = sum + i;
}
alert("1+2+3+...+100 的和为：" + sum);
```

- 声明一个变量 sum，存储累加的值。

  执行过程分析：

i	sum
1	0+1
2	0+1+2
3	0+1+2+3
4	0+1+2+3+4
......	....
100	0+1+2+3+4+......+100

整个过程其实计算了 0+1+2+......+100 的和，结果等价于 1+2+......+100 的值。

上述代码在警告框中的显示效果如下：

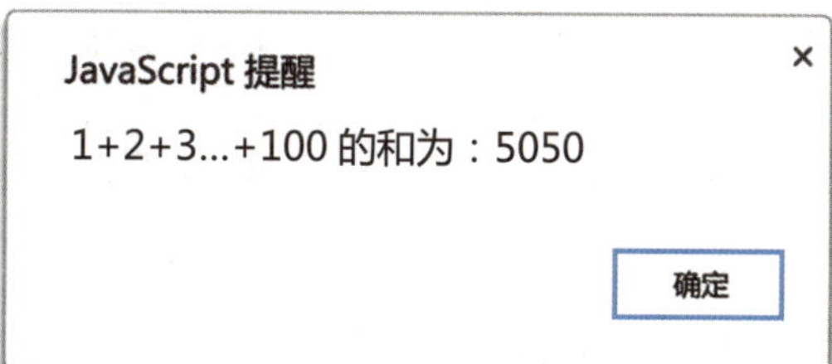

（1）数组的 length 属性可以获得数组的长度：

```
var arr = [1, 2, 3, 4, 5];
alert(arr.length);
```

1	2	3	4	5

arr 数组

- 数组名 . 属性名，如：arr.length。

代码的运行结果为：

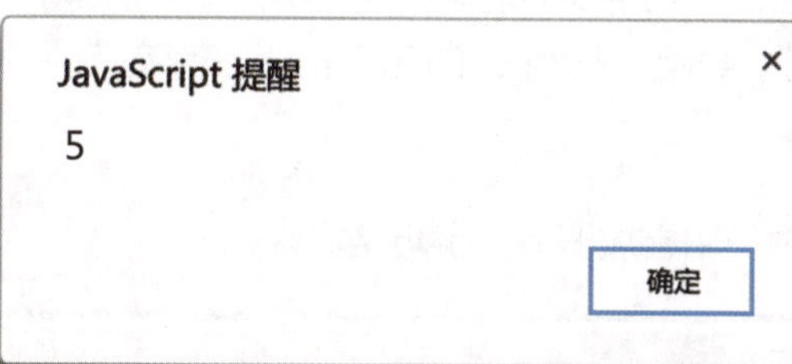

length 属性的应用

```
var arr = [1, 2, 3, 4, 5];
alert(arr.length);
arr[arr.length] = 6;
alert(arr.length);
```

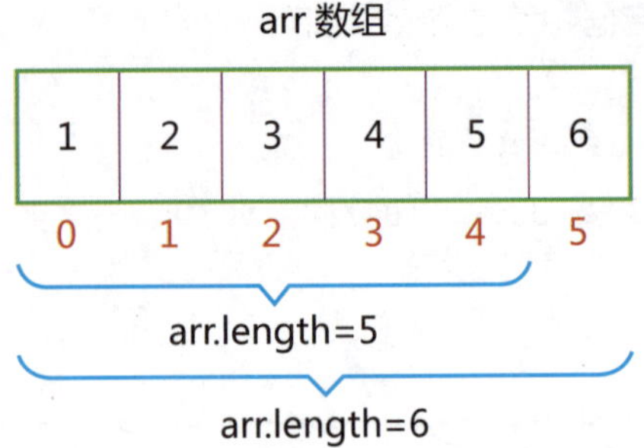

- 数组 arr 开始的长度为 5，利用 length 属性在数组的末尾添加元素 6 之后，数组 arr 的长度也自然变为 6。

（2）改变数组的长度

```
var arr = [1, 2, 3, 4, 5];
arr.length = 3;
alert(arr.length);
alert(arr[2]);
alert(arr[3]);
```

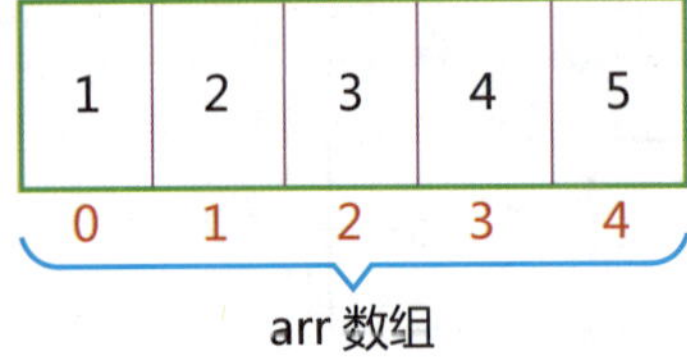

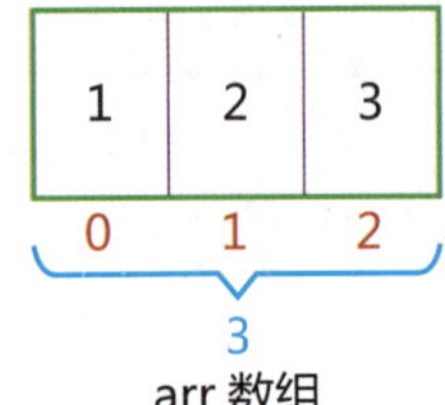

- 重新给数组的 length 属性赋值，改变数组的长度。
- 此时数组的长度为 3。
- 思考：大家想一想如果我们访问数组下标为 3 的元素还可以访问到吗？（不能访问到，数组下标为 3 的元素已经不存在了）

使用循环遍历数组

在 for 循环中使用累加器 i++ 遍历数组：

```
var arr = [1, 2, 3, 4, 5];
for (var i = 0; i < arr.length; i++) {
    document.write(arr[i] + " ");
}
```

i	arr[i]
0	1
1	2
2	3
3	4
4	5

arr.length

- 遍历数组中的每一个元素，使用 for 循环。
- 根据数组的 length 属性，控制 for 循环的次数。

上述代码运行结果如下：

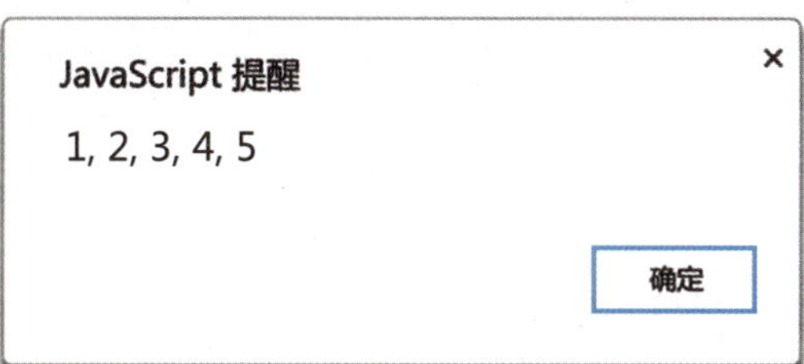

循环遍历存储敌机 x 坐标的数组

（1）将敌机的 x 坐标存入数组，定义空数组 xs，以及存储 x 坐标的变量 x，代码如下：

```
var xs = [];
var x = prompt(" 请输入 x 坐标的位置：");
xs[xs.length] = x;
x = prompt(" 请输入 x 坐标的位置：");
xs[xs.length] = x;
x = prompt(" 请输入 x 坐标的位置：");
xs[xs.length] = x;
```

注：第一次声明变量 x，后面再次使用 x 变量的时候就不需要再声明了。

上述的代码同样也可以使用 for 循环来实现，即使用 for 循环存储敌机 x 坐标：

```
var xs = [];
for (var i = 0; i < 3; i++) {
    var x = prompt(" 请输入 x 坐标的位置：");
    xs[xs.length] = x;
}
```

（2）遍历存储敌机 x 坐标的数组，代码如下：

```
for (var i = 0; i < xs.length; i++) {
    document.write(xs[i] + " ");
}
```

上述代码运行后，如果在信息提示输入框中输入 11，13，44，那么最终在浏览器中显示 11 13 44。

讲一讲

for 循环遍历数组

（1）创建一个数组存储学生信息：

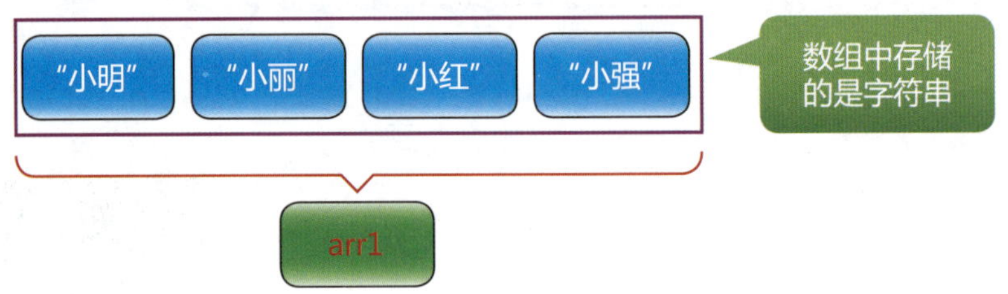

代码如下：

```
var arr1 = [" 小明 ", " 小丽 ", " 小红 ", " 小强 "];
```

（2）通过 for 循环对数组进行遍历，代码如下：

```
for (var i = 0; i < 4; i++) {
    document.write(arr1[i] + "<br/>");
}
```

执行效果如下：

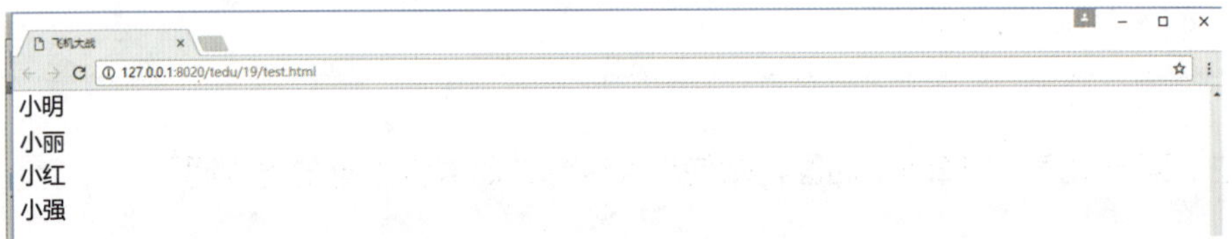

数组中 4 个元素需要循环 4 次，循环条件从 0 开始，i++ 表示每循环一次 i 值增加 1，循环 4 次的话 i 值增加到 3 结束，所以判定条件为 i < 4。

数组中的元素是对象

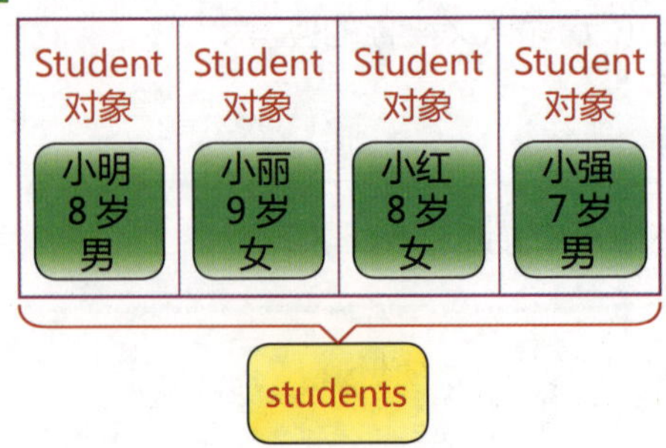

（1）创建学生构造方法：

```
function Student(name, age, gender) {
    this.name = name;
    this.age = age;
    this.gender = gender;
    this.lessons = function() {
        if (this.age < 8) {
            return " 语文，数学 ";
        } else {
            return " 语文，数学，英语 ";
        }
    }
}
```

把学生信息添加到构造方法中，我们再为构造方法定义一个 lessons 方法，用于判断学生年龄，如果小于 8 岁，课程有语文、数学；否则，课程有语文、数学、英语。

（2）向 students 数组中添加对象：

```
var students = [];
students[students.length] = new Student(" 小明 ", 8, " 男 ");
students[students.length] = new Student(" 小丽 ", 9, " 女 ");
students[students.length] = new Student(" 小红 ", 8, " 女 ");
students[students.length] = new Student(" 小强 ", 7, " 男 ");
```

（3）for 循环遍历数组中的对象：

```
for (var i = 0; i < students.length; i++) {
    document.write(students[i].name + " 的年龄是 " + students[i].age +
                   " 学习的课程有：" + students[i].lessons() + "<br/>");
}
```

执行效果如下：

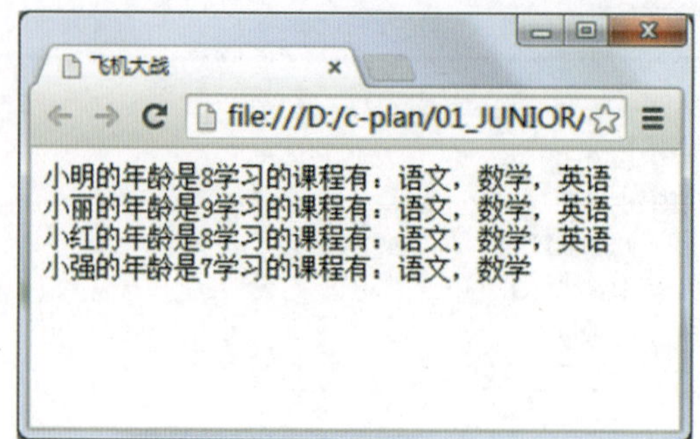

（1）现有如下数组，下列获取数组长度的语句正确的是（　　）。

var arr = ["a", "b", "c", "d"];

A. arr.length　　　　B. arr.length()

（2）在数组 arr 的末尾添加一个“e”元素，下列选项正确是（　　）。

var arr = ["a", "b", "c", "d"];

var arr = ["a", "b", "c", "d", "e"];

A. arr.length = "e";　　　　B. arr[arr.length] = "e";

C. arr(4) = "e";　　　　D. arr[5] = "e";

（3）下列代码的运行结果为（　　）。

```
var arr = ["a", " b", "c", "d"];
arr.length = 3;
alert(arr[3]);
```

A. c　　　B. d　　　C. undefined

（4）遍历如下数组，并在浏览器中输出每一个元素，请回答下列问题：

```
var arr = ["a", " b", "c", "d"];
for (var i = 0;______①______; i++){
    document.write(______②______);
}
```

在①处应该填写：____________________; 在②处应该填写：____________________;

（5）创建数组存入学生对象，并回答下列问题：

```
var students = [new Student(" 小芳 ", 9, " 女 "),
                new Student(" 小伟 ", 10, " 男 "),
                new Student(" 小磊 ", 8, " 男 ")];
for (var i = 0; i < students.length; i++) {
    document.write(______________+ ",");
}
```

若要输出数组内所有对象的所有年龄，横线处应填写的内容是（　　）。

A. students.age();　　　　B. students[i].age();

C. students[i].age;

（6）观察下列代码，回答下列问题：

```
var students = [" 小芳 " ,
                new Student(" 小伟 ", 10, " 男 ") ,
                " 小磊 "];
for (var i = 0; i < students.length; i++) {
    document.write(students[i] + " ");
}
```

for 循环遍历结果正确的是（　　）。

A.

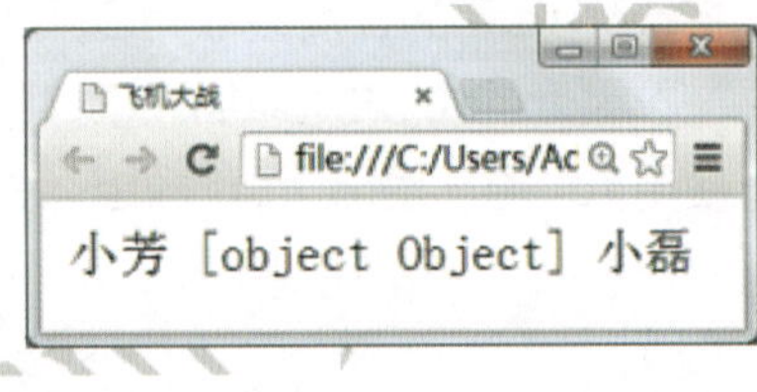

B.

（1）创建数组 man，存储 KungFu 对象。

KungFu 对象的 3 个属性及属性值：

name	level	mp
降龙十八掌	1	10
九阳神功	10	1000
...	...	...

（2）遍历 man 数组，并在浏览器中显示每一个元素的信息。

必做题

（1）创建数组 classmates，存储同学对象。

同学对象的 3 个属性及属性值：

name	age	hobby
漩涡鸣人	20	吃拉面
梅长苏	35	征战沙场
...	...	...

（2）遍历 classmates 数组，并在浏览器中显示每一个元素的信息。

选做题

（1）创建数组：var fruit= [" 苹果 "," 香蕉 "," 橘子 "," 葡萄 "," 菠萝 "]。

（2）将数组 fruit 的长度截取为 3。

（3）在数组 fruit 的末尾添加元素 " 柚子 "。

（4）使用 for 循环遍历 fruit 数组，并显示在浏览器上。

Esc 键不太为人知的几个妙用

对于一般用户而言，位于键盘左上方的 Esc 键并不常用，但你知道吗？其实借助 Esc 键还能实现不少快捷操作哦！

（1） 上网时，如果点错了某个网址，直接按 Esc 键即可停止打开当前网页。

（2） 上网时总免不了要填写一些用户名之类的信息，如果填错了，按 Esc 键即可清除所有输入框内的内容；而打字时，如果打错了也可以按 Esc 键来清除错误的选字框。

（3） 除了“Ctrl+Alt+Del”组合键可以调出 Windows 任务管理器外，按下 Ctrl+Shift+Esc”组合键一样能启动任务管理器。

（4）当某个程序不处于活动状态而我们又想将其恢复为活动状态时，按“Alt+Esc”组合键即可激活该应用程序，而不必用鼠标点击程序标题栏。

（5） 对于存在“取消”选项的弹出窗口而言，如果你要选择取消的话，直接按 Esc 键即可实现“取消”操作。

第十六课 for 循环与数组的应用

- for 循环及数组在飞机大战游戏中的应用

项目目标

- 实现所有飞机移动
- 了解时间间隔

current 现在的

date 日期

last 最后

after 以后

action 动作

创建 3 种类型飞机并移动

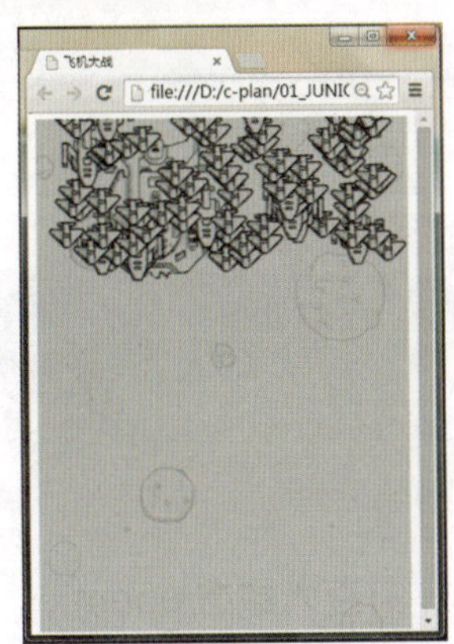

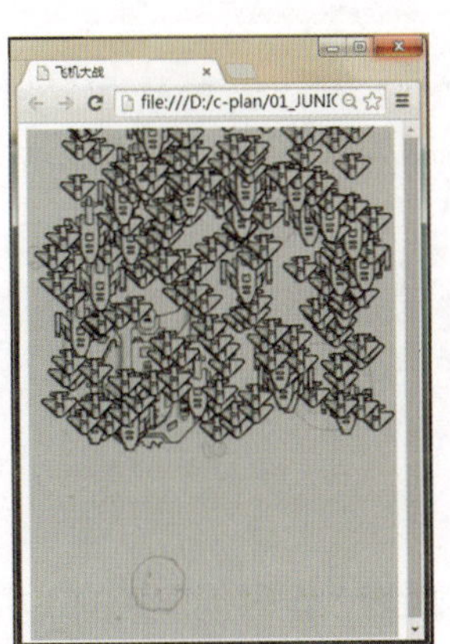

实现所有敌机移动的思路：

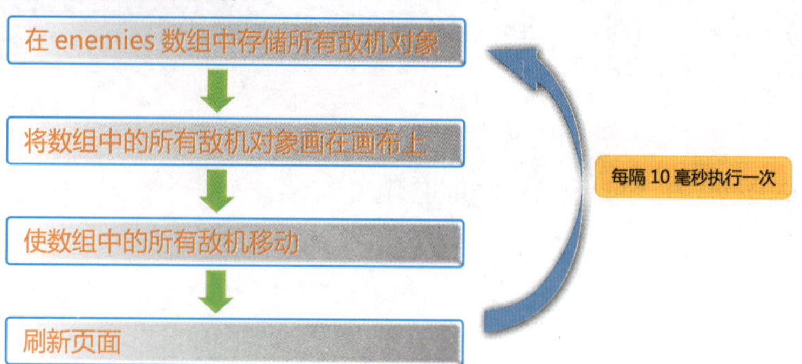

改变 componentEnter 方法，灵活添加飞机对象：

```
function componentEnter() {
    var n = parseInt(Math.random() * 10);
    switch(n) {
        case 0:
        ......
        case 7:
            enemies[enemies.length] = new Enemy(x, 0, 57 , 51, 1, 1, 1, enemy1);
            break;
        case 8:
            enemies[enemies.length] = new Enemy(x1, 0, 69, 95, 2, 3, 5, enemy2);
            break;
        case 9:
            if(enemies[0] == undefined || enemies[0].type != 3) {
                enemies.splice(0,0, new Enemy(x2, 0, 169, 258, 3, 20, 20, enemy3));
            }
    }
}
```

把飞机对象添加到数组 enemies 中。

（1）通过定时器，定时创建新的飞机对象，并存入数组 enemies：

```
setInterval(function() {
    componentEnter();
    sky.paint(ctx);
    sky.step();
}, 10);
```

每隔 10 毫秒向数组中添加一架飞机，并绘制天空背景，使背景不断移动。

（2）敌机的构造方法中的 paint 方法与 step 方法：

```
function Enemy (x, y, width, height, type, life, score, img) {
    this.score = score;
    this.type = type;
    this.width = width;
    this.height = height;
    this.x = Math.random() * (480 – this.width);
    this.y = – this.height;
    this.life = life;
    this.img = img;
    this.paint = function(ctx) {
        ctx.drawImage (this.img, this.x, this.y);
    }
    this.step = function() {
        this.y = this.y + 2;
    }
}
```

（3）将数组中的所有敌机对象画在画布上：

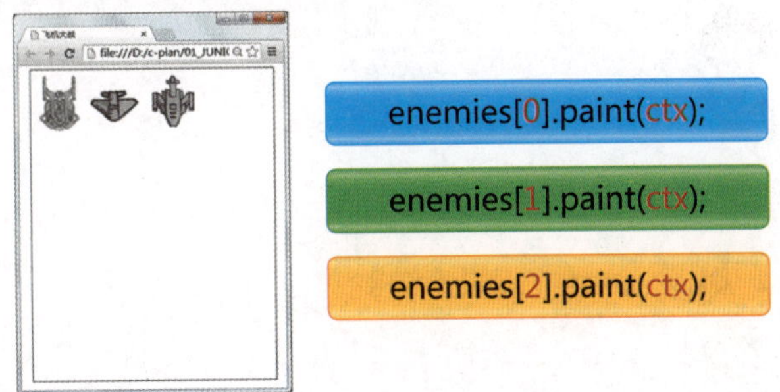

用敌机的构造方法中的 paint 方法。

以上有 3 行代码可以画出数组中的飞机，如果数组中的元素比较多，写起来就有些繁琐，我们需要对它进行简化，用 for 循环遍历数组。

（1）定义将数组中所有敌机对象画在画布上的方法（并在该方法中实现画天空背景）：

```
function paintComponent(ctx) {
    sky.paint(ctx);
    for (var i = 0; i < enemies.length; i++) {
        enemies[i].paint(ctx);
    }
}
```

（2）定义数组里的所有飞机移动的方法（并在该方法中实现天空背景移动）：

```
function componentStep() {
    sky.step();
    for (var i = 0; i < enemies.length; i++) {
        enemies[i].step();
    }
}
```

（3）在定时器中实现画出所有飞机，并实现移动，背景连续移动：

```
setInterval(function() {
    componentEnter();
    paintComponent(ctx);
    componentStep();
}, 100);
```

setInterval 里的 componentEnter() 用于创建飞机对象，paintComponent (ctx) 用于画出所有飞机和天空背景 ,componentStep() 用于移动飞机与天空背景。

获取当前日期 - 时间

我们使用的日期 - 时间标准是从哪来的？

格林尼治标准时间（旧译格林尼治平均时间或格林威治标准时间，英语：Greenwich Mean Time，GMT）是指位于英国伦敦郊区的皇家格林尼治天文台的标准时间，因为本初子午线被定义在通过那里的经线。自 1924 年 2 月 5 日开始，格林尼治天文台每隔一小时会向全世界发放调时信息。

我们如何获取当前日期 - 时间？

（1）创建 Date 对象，获取当前日期 - 时间（例如当前的时间为 2017 年 1 月 20 日 15：24：37）：

```
var now = new Date();
alert(now);
```

（2）在警告框中显示的效果如下所示：

警告框中显示的是当前的日期 - 时间，即 Date 对象会自动保存当前日期 - 时间。

用毫秒数表示当前日期 – 时间（Date 对象的 getTime() 方法）

一年的毫秒数 = 365*24*60*60*1000 毫秒 = 31536000000 毫秒。

1970 年 1 月 1 日至今的毫秒数：

```
var now = new Date();
var longnow = now.getTime();
alert(longnow);
```

在警告框中的显示效果如下所示：

从警告框中显示的效果可知，调用 Date 对象的 getTime() 方法返回从 1970 年 1 月 1 日到当前的 Date 对象所表示的日期 - 时间的毫秒数。

注意：随着时间的推移，警告框上显示的数字会不断地增大。

new Date(long Time) 获取日期 – 时间

通过毫秒数获取日期 - 时间，毫秒数的起始位置为 1970 年 1 月 1 日。用 10 天的毫秒数转换成日期，可以得到 1970 年 1 月 1 日 10 天以后的日期 - 时间。

代码如下：

```
var longTime = 24 * 60 * 60 * 1000 * 10;
var time = new Date(longTime);
alert(time);
```

在警告框中显示的效果如下所示：

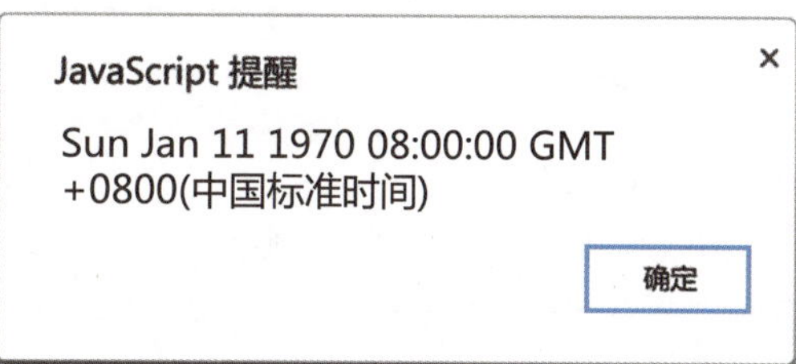

JavaScript 提醒

Sun Jan 11 1970 08:00:00 GMT +0800(中国标准时间)

确定

上述代码获得的是从 1970 年 1 月 1 日开始的毫秒数距离 longTime 毫秒数的日期 - 时间，即 1970 年 1 月 1 日后 10 天的日期 - 时间。

注：Date 转换为毫秒数用 getTime();毫秒数转换为 Date 用 new Date(longTime)。

求一天之后的日期 – 时间

一天之后的日期 - 时间 = 当前毫秒数 + 一天的毫秒数

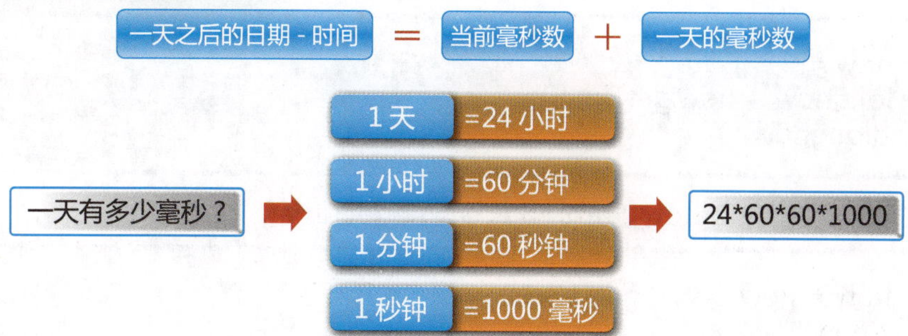

实现一天之后的日期 - 时间代码如下：

```
var now = new Date();
var longnow = now.getTime();
var perDay = 24 * 60 * 60 * 1000;
var after = new Date(longnow + perDay);
alert(after);
```

在警告框上显示的效果如下所示：

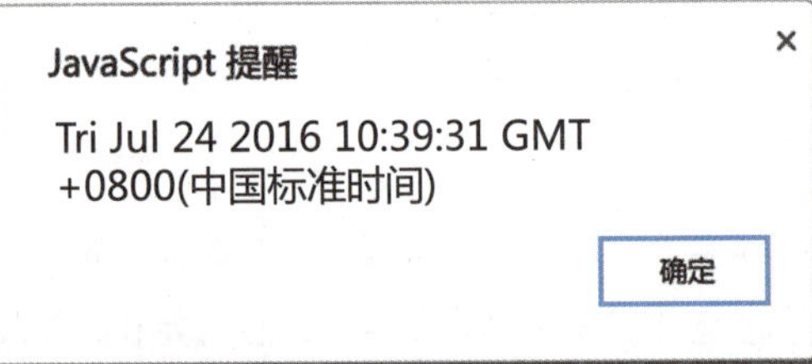

在警告框中显示的是今天（2016 年 7 月 23 日）的后一天的日期 - 时间，longnow 变量中存储的是今天的毫秒数，perDay 变量中存储的是一天的毫秒数。longnow+perDay 表示的是一天后的毫秒数。利用 Date 对象获取该毫秒数表示的日期 - 时间。

由 Date-> 毫秒数转换的两种方式

方式一：先创建 Date 对象，然后利用对象名 .getTime()。

```
var now =new Date();
var longnow = now.getTime();
alert(longnow);
```

方式二：在创建 Date 对象的时候直接调用 getTime() 方法。

```
var now = new Date().getTime();
alert(now);
```

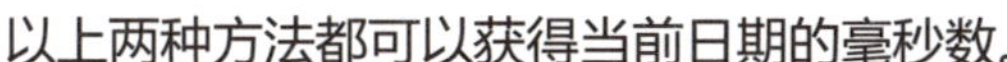
以上两种方法都可以获得当前日期的毫秒数。

设定飞机出现间隔时间

判断是否产生一架飞机的条件：

如果实现的条件如下，完成代码：

当前时间	上一次出现飞机的时间	当前时间 — 上一次出现飞机的时间	时间间隔	是否产生飞机
1100	800	300	500	false

首先声明涉及的各个变量：

实现设定飞机出现间隔时间的代码如下：

```
var currentTime = 1100;
var lastTime = 800;
var interval = 500;
var isExist = currentTime - lastTime >= interval;
if (isExist) {
	alert(" 出现一架飞机 ");
} else {
	alert(" 不出现飞机 ");
}
```

- 当前时间 - 上一次飞机出现的时间 >= 间隔时间为 true 时，出现一架飞机，为

false 时不出现一架飞机。

（1）获取当前日期 - 时间，下列选项正确的是（　　）。

A. var now = new Date()　　　　B. var now = new Date

（2）用毫秒数表示当前的日期 - 时间，下列选项正确的是（　　）。

A. var now = new Date()

B. var now = new Date().getTime()

C. var now = new Date()
   var longnow = now.getTime()

（3）将用毫秒数转化为用 Date 表示的日期 - 时间，下列选项正确的是（　　）。

var longnow = 365*24*60*60*1000;

var now = ____________;

A. new Date()

B. new Date(longnow)

C. longnow.getTime()

（4）将 Date 表示的日期 - 时间转化为毫秒数，使用 Date 对象的方法是（　　）。

A. setTime()　　　　B. getTime()　　　　C. new Date()

求两天之后的日期 - 时间，并显示在警告框上。

必做题

求当前日期前一天的日期 - 时间，并显示在警告框上。

选做题

实现简单的将时间实时显示在警告框上。（每次点击警告框上的“确定”按钮就会弹出警告框并显示当前的时间）

第十七课 Date 对象的应用、onclick 事件

知识目标

- Date 对象在飞机大战游戏中的应用
- 了解什么是 HTML 语言
- 学会使用 button 按钮对象
- 掌握 onclick 事件的基本用法

项目目标

- 设定天空、敌机重绘的时间间隔

计算商品的过期促销时间

如果今天是商品过期时间，提前 15 天进行促销：

把促销日期的毫秒数转换成日期。

（1）获取从 1970 年 1 月 1 日至今的毫秒数：

```
var now = new Date();
var longnow = now.getTime();
```

（2）计算 1 天的毫秒数：

```
var perDay = 24 * 60 * 60 * 1000;
```

（3）商品的过期促销日期：

```
var saleDate = new Date(longnow – 15 * perDay);
alert(saleDate);
```

（4）代码的运行结果如下：

JavaScript 提醒

Thu Jul 23 2016 09:13:57 GMT +0800(中国标准时间)

确定

给天空、敌机添加间隔时间

（1）未添加时间间隔和添加时间间隔的效果如下图所示。

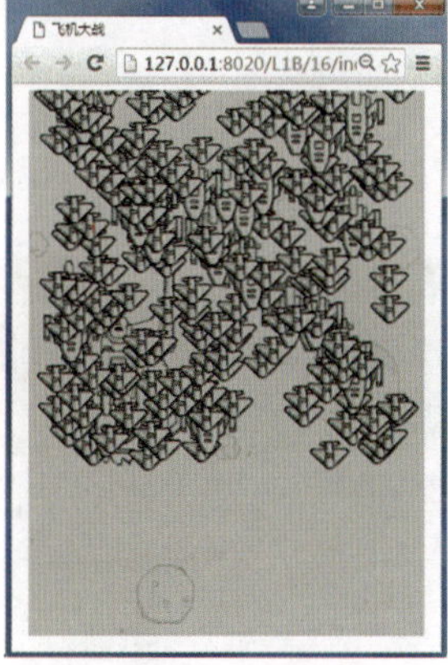

未添加时间间隔

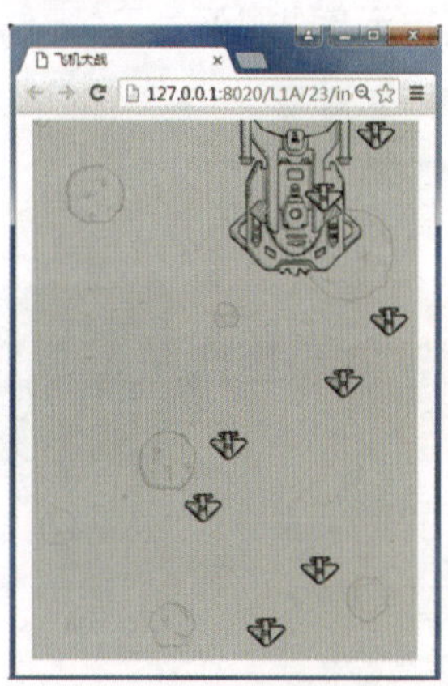

添加时间间隔后

（2）若当前时间 – 上次执行的时间 >= 时间间隔时，返回 true，否则返回 false，如下表：

敌机与天空	当前时间	上次执行的时间	时间间隔	结果
产生敌机	1100	800	1500	false
绘制敌机和天空	1100	700	40	true
敌机移动	1100	600	15	true
天空移动	1100	500	400	true
	new Date().getTime()	不固定	不固定	返回

（1）时间间隔方法，代码如下：

```
function isActionTime(lastTime, interval) {
        if (lastTime == 0) {
                return true;
        }
        var currentTime = new Date().getTime();
        return currentTime – lastTime >= interval;
}
```

说明：

当前时间	上次执行的时间	时间间隔
currentTime	lastTime	interval

当上一次执行时间为 0 时，证明还没有执行过，直接返回 true，存储当前时间，用当前时间减去上次执行时间，得到间隔时间，用这个间隔时间与设定的间隔时间进行比较。如果大于或等于设定的间隔时间，则返回 true。

执行流程如下：

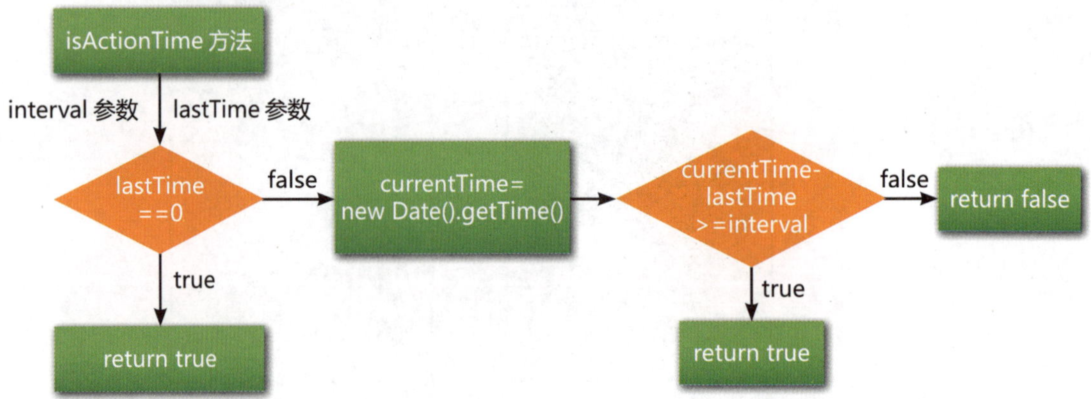

（2）设定产生敌机的时间间隔：

```
var lastTime = 0;
var interval = 1500;
function componentEnter() {
    if(!isActionTime(lastTime, interval)) {
        return;
    }
    lastTime = new Date().getTime();
    var n = parseInt(Math.random() * 10);
    switch(n) {
        case 0:
        ......
    }
}
```

if 语句里对时间间隔方法结果取反，作为判定条件，当超出设定的时间间隔，跳过 if 语句向下执行，生成飞机，当时间没有超出设定的时间间隔时，if 语句被执行，结束 componentEnter 方法，不生成飞机。

（3）设定天空、敌机重绘的时间间隔：

```
var paintLastTime = 0;
var paintInterval = 40;
function componentEnter() {
    if(!isActionTime(paintLastTime, paintInterval)) {
        return;
    }
    paintLastTime = new Date().getTime();
    sky.paint(ctx);
    for (var i = 0; i < enemies.length; i++) {
        enemies[i].paint(ctx);
    }
}
```

（4）设定敌机移动的时间间隔：

```
function Enemy(x, y, width, height, type, life, score, img) {
        this.score = score;
        this.type = type;
        ......
        this.interval = 15;
        this.lastTime = 0;
        this.paint = function(ctx) {
            ctx.drawImage(this.img, this.x, this.y);
        }
        this.step = function() {
            if (!isActionTime(this.lastTime, this.interval)) {
                return;
            }
            this.lastTime = new Date().getTime();
            this.y = this.y + 1;
        }
}
```

什么是 HTML

超文本标记语言（HyperText Markup Language），用于描述网页的内容；它的实质是文本，需要浏览器来解释。标记的格式一般都是成对出现的，采用 <标记> 开头，</标记> 结尾。

比如：<canvas> </canvas> 用于在浏览器中获取一个画布。

浏览器中的按钮

百度一下

我们经常浏览的百度网页如上图所示，其中红线圈起来的“百度一下”即为该浏览器中的按钮。

如何在浏览器上添加按钮

在浏览器上添加按钮，实现代码如下：

```
<input type= "button" value= " 点我 "/>
```

- type 和 value 是按钮的属性。
- type 的值为 button 表示按钮。
- value 的值显示在按钮上。

在浏览器上添加按钮，显示效果如下所示：

在浏览器上添加一个“猜一猜”按钮

在浏览器上添加一个“猜一猜”按钮，实现代码如下：

```
<input type= "button" value= " 猜一猜 "/>
```

- value 的值显示在按钮上，把 value 的值设置为“猜一猜”。

代码的运行结果如下：

按钮对象

```
<input type= "button" value= " 点我 "/>
```

- 上述代码创建了一个“点我”按钮。
- 该标签每出现一次，一个按钮（Button）对象就会被创建。

请看下列代码：

```
<input type= "button" value = " 点我 "/>
<input type= "button" value = " 点我 "/>
```

上述代码创建了两个按钮对象。

使用 JS 代码获取按钮对象

使用 JS 代码获取按钮对象，实现代码如下：

```
<input type= "button" value= " 点我 " id= "btn"/>
<script>
    var btnObj = document.getElementById("btn");
    ......
</script>
```

- 每一个载入浏览器的 HTML 文档都会成为文档对象。
- 返回拥有指定 id 的第一个对象。

返回拥有指定 id 的第一个对象

访问按钮对象的属性，代码如下：

```
<input type= "button" value= " 点我 " id= "btn1"/>
<input type= "button" value= " 猜一猜 " id= "btn2"/>
<script>
    var btnObj1 = document.getElementById("btn1");
    var btnObj2 = document.getElementById("btn2");
    alert(btnObj1.value);
    alert(btnObj2.value);
</script>
```

- btnObj1 为 id 为 btn1 的对象，它的 value 值为“点我”，所以第一个警告框中显示的是“点我”。
- btnObj2 为 id 为 btn2 的对象，它的 value 值为“猜一猜”，所以第二个警告框中显示的是“猜一猜”。

onclick – 点击事件

点击“点我”按钮，弹出警告框，代码如下：

```
var btnObj1 = document.getElementById("btn1");
btnObj1.onclick = function() {
    alert(" 你点击了按钮 ");
}
```

- 使用事件，可以在特定的情况下，触发执行一段代码。
- onclick：点击事件。
- 事件加载在 btnObj1 上。
- 大括号内的内容是事件触发后要执行的代码。
- 上述代码运行后的结果是点击“点我”按钮后，弹出一个警告框，显示的内容为“你点击了按钮”。

点击“猜一猜”按钮，弹出警告框

点击“猜一猜”按钮，弹出警告框显示“你猜错了”，实现代码如下：

```
<input type= "button" value= " 猜一猜 " id= "btn2"/>
<script>
    var btnObj2 = document.getElementById("btn2");
    btnObj2.onclick = function() {
        alert(" 你猜错了 ");
    }
</script>
```

猜数字游戏

思路解析：

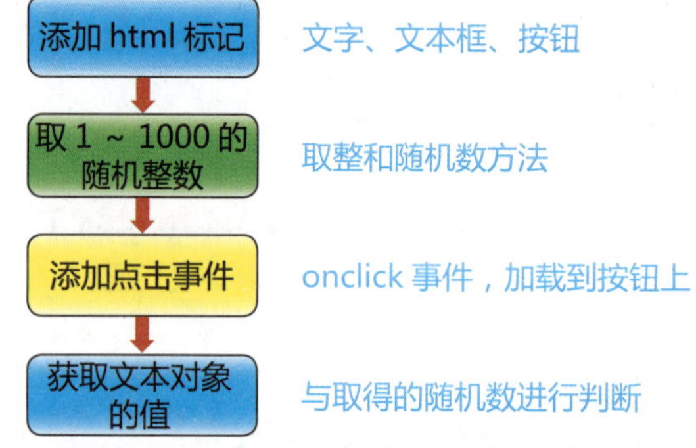

添加猜数字游戏的 HTML 标记：

```
请输入 1-1000 的数字：
<br/>
<input type= "text" id= "guess">
<input type= "button" value= " 猜一猜 " id= "btn2">
```

- 想要在网页上显示的文字可以在 html 文档中直接书写。
-
：换行符。
- 当 type 的值为 text，在浏览器中显示一个文本框。

添加猜数字游戏的 JS 代码：

```
var n = parseInt(Math.random()*1000 + 1);
var btn2 = document.getElementById("btn2");
btn2.onclick = function() {
        var guess = document.getElementById("guess").value;
        if (guess > n) {
                alert(" 太大了！ ");
        } else if (guess < n) {
                alert(" 太小了！ ");
        } else if (guess == n) {
                alert(" 恭喜你，猜对了！ ");
        } else {
                alert(" 请输入 1-1000 的数字 ");
        }
}
```

- 可以通过 value 属性获取在文本框中输入的内容。

（1）昨天是妈妈的生日，在警告框中显示妈妈生日的日期，下列代码正确的是：

A.
```
var now = new Date();
var longnow = now.getTime();
var perDay = 24 * 60 * 60 * 1000;
var birthday = new Date(longnow - perDay);
alert(birthday);
```

B.
```
var now = new Date();
var longnow = now.getTime();
var perDay = 24 * 60 * 60 * 1000;
var birthday = longnow - perDay;
alert(birthday);
```

（2）下列表格给出了方法 isActionTime 需要的 3 个变量的值，此时该方法的返回值为（　　）。

currentTime	lastTime	interval
1100	800	400

```
function isActionTime(lastTime, interval) {
    if (lastTime == 0) {
        return true;
    }
    var currentTime = new Date().getTime();
    return currentTime - lastTime >= interval;
}
```

A. true　　　　　　　B. false

（3）在浏览器上显示如下图所示的按钮，下列代码正确的是（　　）。

确定

A. <input type=" 确定 " value="button"/>

B. <input type="button" value=" 确定 "/>

（4）请看下列代码：

```
<input type= "button" value = " 确定 " id= "ok"/>
<script>
    var okObj = ______________________ ;
    ......
</script>
```

在 JS 中获取 id 为 “ok” 的按钮对象，横线处应填写的代码正确的是（　　）。

A. document.getElementById("ok")

B. document.write("ok")

（5）鼠标点击按钮对象 okObj 弹出警告框，横线处应填写的代码正确的是（　　）。

```
okObj.__________ = function() {
    alert(" 我想去游乐场！ ");
}
```

A. button　　　　　　B. type

C. onclick　　　　　　D. input

（1）在浏览器上显示一个“注册”按钮。点击“注册”按钮后，在警告框上显示“恭喜您注册成功”。

（2）设定天空移动的时间间隔，将下列代码补充完整：

```
function Sky () {
        this.img = background;
        this.width = 480;
        this.height = 852;
        this.x1 = 0;
        this.y1 = 0;
        this.x2 = 0;
        this.y2 = -this.height;
        ____________________
        this.paint = function(ctx) {
             ctx.drawImage (this.img, this.x1, this.y1);
             ctx.drawImage (this.img, this.x2, this.y2);
        }
        this.step = function() {
             ____________________
             this.y1 = this.y1 + 1;
             this.y2 = this.y2 + 1;
             if (this.y1 > this.height) {
                    this.y1 = -this.height;
             }
             if (this.y2 > this.height) {
                    this.y2 = -this.height;
             }
        }
}
```

必做题

（1）将时间间隔的方法进行调整，使时间间隔减小。

（2）在浏览器上显示一个“提交”按钮；点击“提交”按钮，在警告框上显示“信息已经提交”。

选做题

用时间间隔方法制作一个报时器，每 5 秒钟在浏览器上显示一次当前时间。

如下图所示：

```
127.0.0.1:8020/tedu/13/test.html

Sat Feb 04 2017 17:03:27 GMT+0800 (中国标准时间)
Sat Feb 04 2017 17:03:32 GMT+0800 (中国标准时间)
Sat Feb 04 2017 17:03:37 GMT+0800 (中国标准时间)
Sat Feb 04 2017 17:03:42 GMT+0800 (中国标准时间)
Sat Feb 04 2017 17:03:47 GMT+0800 (中国标准时间)
Sat Feb 04 2017 17:03:52 GMT+0800 (中国标准时间)
Sat Feb 04 2017 17:03:57 GMT+0800 (中国标准时间)
Sat Feb 04 2017 17:04:02 GMT+0800 (中国标准时间)
Sat Feb 04 2017 17:04:07 GMT+0800 (中国标准时间)
```

电脑空格键的 8 个小技巧

你会用空格键吗？听到这个问题很多人都会笑，空格键不就是打空格的吗，有谁不会用。其实空格键还有其他的很多用法：

（1）在网页中翻页。在浏览网页的时候，按一下空格键就是下翻一页，作用与 PageDown 键相同，在网上读小说时尤其方便。

（2）播放器的暂停 / 播放。在许多播放器中空格键都是有作用的，多数是控制播放器的暂停 / 播放，比如 Mpc 和 KMPlayer，按一下空格键比用鼠标去点那小小的暂停 / 播放按钮快多了。

（3）游戏中按键。在游戏中，空格键的作用有很多种，比如跳、攻击或暂停等。

（4）Ctrl+ 空格键。这组快捷键用于切换中 / 英文输入法。

（5）Shift+ 空格键。这组快捷键可以切换输入法的全角 / 半角，比如智能 ABC 等。

（6）执行有阴影的选项。一般软件的程序界面都会有一个选项覆盖淡淡的阴影，如果是选择项，空格键的作用就是勾选 / 去除勾选。

（7）填充不想填的位置。比如腾讯 QQ，如果你不想填姓名、年龄、职业、省份城市等繁杂选项，乱填固然可以，但按一个空格键无疑是最省事的。

课后心得

第十八课 项目展示课 植物大战僵尸

项目流程

第一部分

将所有的动画帧图片对象存储到数组中，在定时器中画出背景、坚果和僵尸部分图片。

创建数组，存储所有的僵尸图片

（1）创建僵尸移动图片数组 zombieM，并使用 for 循环将所有僵尸移动的图片存入数组中。

```
var zombieM = [ ];
for(var i = 0; i < 13; i++){
    zombieM[i] = new Image();
    if(i + 1<10){
        zombieM[i].src = "img/move/0" + (i + 1) + ".png";
    }else{
        zombieM[i].src = "img/move/" + (i + 1) + ".png";
    }
}
```

（2）创建僵尸站立图片数组 zombieS，并使用 for 循环将所有僵尸站立的图片存入数组中。

```
var zombieS = [ ];
for(var i = 0; i < 6; i++){
    zombieS[i] = new Image();
    zombieS[i].src = "img/stand/"+ (i + 21) + ".png";
}
```

（3）创建僵尸攻击图片数组 zombieA，并使用 for 循环将所有僵尸攻击的图片存入数组中。

```
var zombieA = [ ];
for(var i = 0; i < 11; i++){
    zombieA[i] = new Image();
    zombieA[i].src = "img/attack/"+ (i + 31) + ".png";
}
```

画背景、坚果和僵尸图片

```
setInterval(function( ){
    ctx.drawImage(bg, 0, 0);
    ctx.drawImage(nut2, 400, 250);
    ctx.drawImage(zombieM[0], 500, 200);
    ctx.drawImage(zombieA[0], 200, 200);
    ctx.drawImage(zombieS[0], 700, 200);
},70);
```

代码运行结果如下：

第二部分

我们利用面向对象的方式来创建僵尸对象并实现僵尸的移动。在植物大战僵尸游戏中，僵尸有 3 种状态，分别为移动、站立和攻击状态。我们可以声明 3 个变量 MOVE、STAND、ATTACK 分别表示这 3 种状态。

要创建僵尸对象需要先定义僵尸对象的构造方法，僵尸对象的属性包括：*x* 坐标，*y* 坐标、僵尸图片的宽度 width、僵尸图片的高度 height、僵尸的状态 state(默认为移动状态)、当前显示的僵尸图片(默认显示第一帧图片)、还需要一个控制动画帧的序号 index，在运算期间不断增加。僵尸对象的方法包括：画图片的方法以及僵尸移动的方法。

让僵尸动起来

(1) 设置僵尸的状态。

```
var MOVE = 0 ;
var STAND = 1 ;
var ATTACK – 2 ;
```

- 0 表示移动。
- 1 表示站立。
- 2 表示攻击。

(2) 创建 Zombie 构造方法。

```
function Zombie( ) {
      this.x = 1200;
      this.y = 210;
      this.width = 180;
      this.height = 180;
      this.state = MOVE;                    ①
      this.frame = zombieM[0];              ②
      this.index = 0;                       ③
}
```

- 僵尸的默认状态为 MOVE。
- frame 属性表示当前显示的僵尸图片，默认显示第一帧图片。
- index 属性控制动画帧序号，运算期间不断增加。

（3）给僵尸对象添加画图片和移动方法。

```
function Zombie( ) {
    ......
    this.paint = function( ) {
        ctx.drawImage(this.frame, this.x, this.y);
    }
    this.move = function( ) {
        this.x -= 2;
    }
}
```

（4）创建僵尸对象，画出僵尸并移动。

```
var z1 = new Zombie( );
setInterval(function( ) {
    ctx.drawImage(bg, 0, 0);
    ctx.drawImage(nut2, 400, 250);
    z1.paint( );
    z1.move( );
}, 70);
```

此时僵尸只有一张图片，实现的效果是僵尸从右向左漂移。为解决这个问题，我们给僵尸添加播放动画的方法，将预先存储在数组中的图片轮流播放。因为僵尸有移动、站立和攻击 3 种状态。所以，需要判断僵尸所处的状态来播放相应的图片帧。

多张图片生成动态图

（1）站立图片帧。

zombieS[0]　zombieS[1]　zombieS[2]　zombieS[3]　zombieS[4]　zombieS[5]

（2）移动图片帧。

zombieM[0] zombieM[1] zombieM[2] zombieM[3] zombieM[4] zombieM[5]

zombieM[6] zombieM[7] zombieM[8] zombieM[9] zombieM[10] zombieM[11] zombieM[12]

（3）攻击图片帧。

码到成功

（1）给僵尸添加播放动画的方法（判断僵尸移动或者攻击）。

```
var MOVE = 0;
var STAND = 1;
var ATTACK = 2;
function Zombie( ) {
    ......
    this.animation = function() {
        if (this.state == MOVE) {
            this.frame = zombieM[this.index % 13];      // 僵尸移动
            this.move();
        } else if (this.state == STAND) {
            this.frame = zombieS[this.index % 6];       // 僵尸站立
        } else if (this.state == ATTACK) {
            this.frame = zombieA[this.index % 11];      // 僵尸攻击
        }
        this.index++;
    }
}
```

- 用 % 进行取余数，index 每增加 1，切换显示的僵尸图片，僵尸切换动作。

（2）让僵尸动起来，调用 animation 方法，播放动画帧。

```
setInterval(function( ) {
    ctx.drawImage(bg, 0, 0);
    ctx.drawImage(nut2, 400, 250);
    z1.paint( );
    //z1.move( );
    z1.animation( );
}, 70);
```

第三部分

定义坚果对象的构造方法，创建坚果对象。坚果对象的属性包括：x 坐标、y 坐标、坚果图片的宽度 width、坚果图片的高度 height、坚果的生命值、当前显示的坚果图片 nut1。

坚果对象的方法为画图片方法。

坚果被攻击

（1）创建 Tallnut 构造方法。

```
function Tallnut( ){
    this.x = 500;
    this.y = 250;
    this.width = 83;
    this.height = 119;
    this.life = 66;
    this.frame = nut1;
    this.paint = function( ){
        ctx.drawImage(this.frame, this.x, this.y);
    }
}
```

- 坚果的生命值赋值为 66。

（2）创建坚果对象，并画出坚果。

```
var nut = new Tallnut( );
setInterval(function( ) {
    ctx.drawImage(bg, 0, 0);
    ctx.drawImage(nut2, 400, 250);
    z1.animation( );
    z1.paint( );
    if (nut.life > 0) {
        nut.paint( );
    }
}, 70);
```

- 若坚果的生命值大于 0，调用坚果的画图片方法画坚果图片；若坚果的生命值不大于 0，不再画坚果图片。

（3）创建 check 方法，判断僵尸何时攻击植物。

```
function check(zom, p){
    if(zom.x <= (p.x + p.width / 2)){
        zom.state = ATTACK;
    }
}
```

- 其中 zom 代表僵尸，p 代表坚果。如果僵尸到达坚果的中心位置时，将僵尸切换为攻击状态。

（4）坚果被攻击后的变化。

```
if(zom.x <= (p.x + p.width / 2)){
        zom.state = ATTACK;
        if(p.life > 44){
          p.frame = nut1;
          p.life--;
        }else if(p.life > 22){
          p.frame = nut2;
          p.life--;
        }else if(p.life > 0){
          p.frame = nut3;
          p.life--;
        }else if(p.life == 0 && zom.x > 200){
          zom.state = MOVE;
        }
}
```

- && 表示逻辑与，当所有条件都为 true 时才为 true。
- 当坚果消失时，将僵尸切换为移动状态。

（5）在定时器中调用 check 方法。

```
setInterval(function() {
     ctx.drawImage(bg, 0, 0);
     if (nut.life > 0) {
         nut.paint();
     }
     z1.animation();
     z1.paint();
     check(z1, nut);
}, 70);
```

（6）判断何时站立。

当僵尸的 x 坐标小于等于 200 时，此时僵尸的状态切换为站立状态，并且画出

“僵尸吃掉了你的脑子”的图片。

```
setInterval(function( ) {
    ......
    if (z1.x <= 200) {
        z1.state = STAND;
        ctx.drawImage(bg_end, 500, 50);
    }
    z1.animation( );
    z1.paint( );
    check(z1, nut);
}, 70);
```

植物大战僵尸全部代码

```
var canvas = document.getElementById("canvas");
var ctx = canvas.getContext("2d");

// 僵尸的三种状态：移动、攻击、站立
var MOVE = 0;
var STAND = 1;
var ATTACK = 2;

/**
* 第一部分
* 1. 将所有动画帧图片对象存储到数组中
* 2. 在定时器中演示，画背景和部分帧动画图片
*/
// 僵尸移动图片数组
var zombieM = [];
// 僵尸站立图片数组
var zombieS = [];
// 僵尸攻击图片数组
var zombieA = [];
/*
* 把僵尸图片所有帧，存储到数组
*/
// 僵尸移动图片存入数组
for (var i = 0; i < 13; i++) {
    zombieM[i] = new Image();
    if (i + 1 < 10) {
        zombieM[i].src = "img/move/0" + (i + 1) + ".png";
```

```
        } else {
            zombieM[i].src = "img/move/" + (i + 1) + ".png";
        }
    }
    // 僵尸站立图片存入数组
    for (var i = 0; i < 6; i++) {
        zombieS[i] = new Image();
        zombieS[i].src = "img/stand/" + (i + 21) + ".png";
    }
    // 僵尸攻击图片存入数组
    for (var i = 0; i < 11; i++) {
        zombieA[i] = new Image();
        zombieA[i].src = "img/attack/" + (i + 31) + ".png";
    }

    // 创建僵尸对象
    var z1 = new Zombie();
    // 创建坚果对象
    var nut = new Tallnut();

    // 定时器
    setInterval(function() {
        ctx.drawImage(bg, 0, 0);
        // 如果坚果生命值不为零，则将其画出来
        if (nut.life > 0) {
            nut.paint();
        }
        // 如果僵尸对象的 x 坐标小于等于 200，则将他的状态转换为站立，并画出
        // 结束背景
        if (z1.x <= 200) {
            z1.state = STAND;
            ctx.drawImage(bg_end, 500, 50);
        }
        z1.animation();
        z1.paint();
        check(z1, nut);
    }, 70);
```

```
/**
 * 第二部分：创建僵尸构造方法
* 1. 添加可用属性
* 2. 添加画图片方法和移动方法
* 3. 添加播放动画方法
* 4. 创建僵尸对象，并调用 paint 以及 animation 方法
*/
    function Zombie() {
        this.x = 1200;
        this.y = 210;
        this.width = 180;
        this.height = 180;
        this.state = MOVE;
        this.frame = zombieM[0];
        this.index = 0;
        this.paint = function() {
            ctx.drawImage(this.frame, this.x, this.y);
        }
        this.move = function() {
        this.x -= 2;
    }
    this.animation = function() {
        if (this.state == MOVE) {
            this.frame = zombieM[this.index % 13];
            this.move();
        } else if (this.state == STAND) {
            this.frame = zombieS[this.index % 6];
        } else if (this.state == ATTACK) {
            this.frame = zombieA[this.index % 11];
        }
        this.index++;
    }
}

/**
 * 第三部分
 * 1. 创建坚果的构造方法
 * 2. 创建 check 方法，检测僵尸遇到坚果后发生的事情
 * 3. 创建坚果对象，并画出来
```

```
 * 3. 判定什么情况下画出坚果，什么情况下让其消失
 * 4. 判断什么情况下转换僵尸的状态
 */
function Tallnut() {
    this.x = 500;
    this.y = 250;
    this.width = 83;
    this.height = 119;
    this.life = 66;
    this.frame = nut1;
    this.paint = function() {
        ctx.drawImage(this.frame, this.x, this.y);
    }
}

function check(zom, p) {
    if (zom.x <= (p.x + p.width / 2)) {
        zom.state = ATTACK;
        if (p.life > 44) {
            p.frame = nut1;
            p.life--;
        } else if (p.life > 22) {
            p.frame = nut2;
            p.life--;
        } else if (p.life > 0) {
            p.frame = nut3;
            p.life--;
        } else if (p.life == 0 && zom.x > 200) {
            zom.state = MOVE;
        }
    }
}
```

第十九课 onmousemove 事件

知识目标

- onmousemove 事件在飞机大战游戏中的应用
- 对象在飞机大战游戏中的应用

项目目标

- 鼠标点击游戏开始
- 定义英雄机对象并且实现英雄机跟随鼠标移动

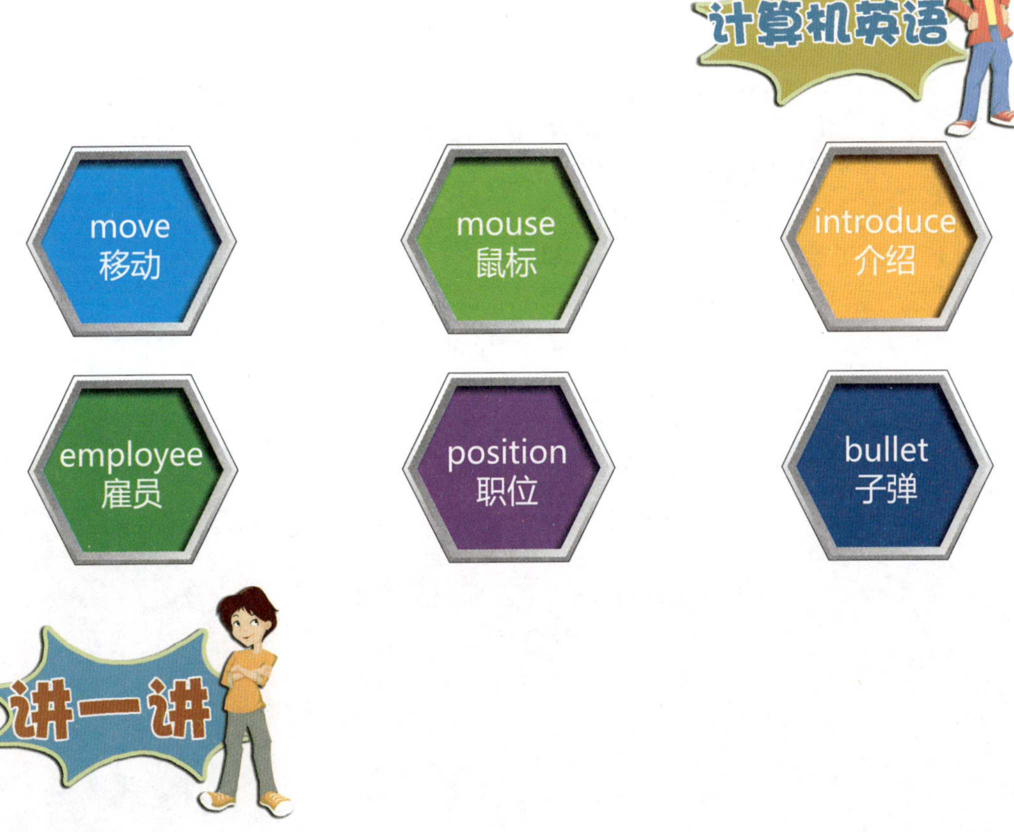

讲一讲

变形金刚

同学们都应该看过动画，动画里想要展示一个连贯的动作其实是由很多不同的图片组合起来连续播放形成的，接下来的案例我们就运用与动画类似的原理结合鼠标点击事件来完成一个变形金刚的动画，同学们可以根据鼠标点击的快慢来决定变形金刚变形的快慢。

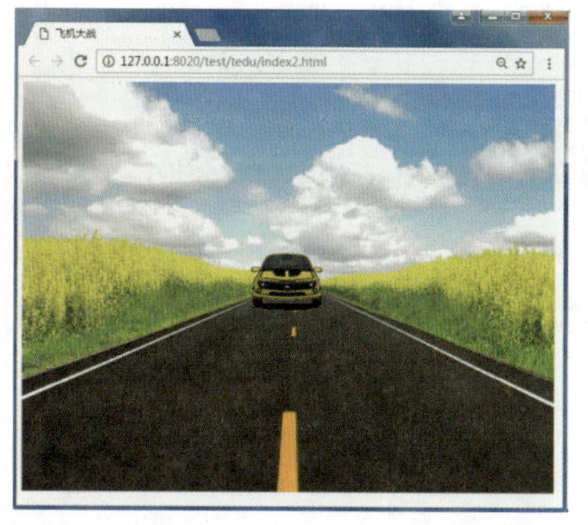

我们通过鼠标的点击使图片中的汽车变形，首先要将汽车变形的图片一步一步分解，这些图片已经加载好并存入了 transformers 数组中。

图片如下：

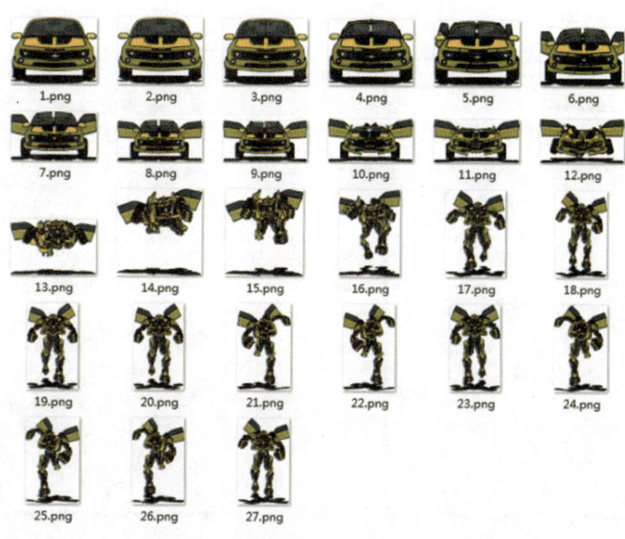

接下来我们只需要在鼠标单击事件 (onclick 事件) 中进行图片的绘制。

这里我们每次都会绘制一次背景，但是每次绘制的变形金刚图片不一样，在这里我们声明变量 n 来控制变形金刚的下标，每当鼠标单击一次 (onclick 事件发生一次)n 就加 1，即数组的下标加 1。

实现代码如下：

```
var n = 0;
canvas.onclick = function() {
    ctx.drawImage(bg, 0, 0);
    ctx.drawImage(transformers[n], 410, 300);
    n = n + 1;
}
```

鼠标点击游戏开始

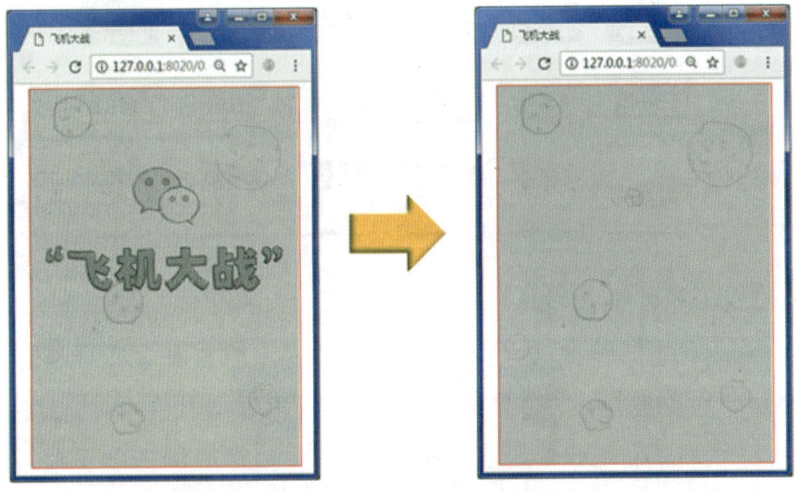

游戏初始时，画布上的图片有两种，分别是背景和飞机大战图标：

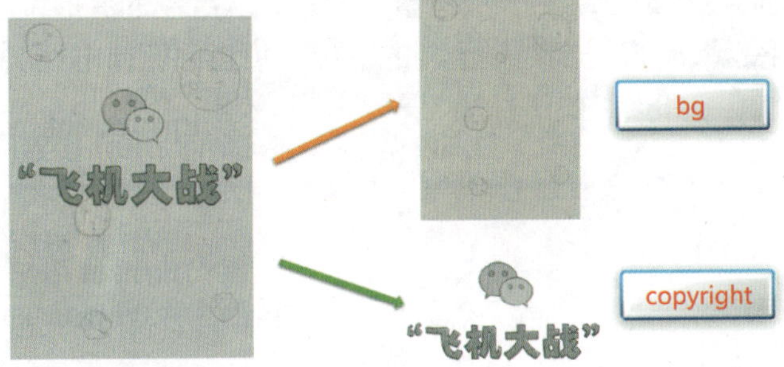

程序代码应该分为两部分：

游戏初始时：
- 画背景图片
- 画飞机大战图标

鼠标点击后：
- 画背景图片

（1）游戏初始时：

```
bg.onload = function() {
    ctx.drawImage(bg, 0, 0);
    ctx.drawImage(copyright, 20, 130);
}
```

（2）鼠标点击后：

```
canvas.onclick = function() {
    ctx.drawImage(bg, 0, 0);
}
```

对象直接量

（1）对象直接量：

```
var employee = {
    name : " 李雷 " ,
    age : 30,
    position : " 首席执行官 ",
    introduce : function() {
        alert("大家好，我叫 " + this.name + " ，今年 " + this.age + "岁了！");
    }
}
```

- 使用对象直接量可以直接创建对象。
- 关键字 var，后面跟对象名并赋值一对大括号。
- 大括号内定义对象的属性（属性名：属性值）和方法（方法名：方法）。
- 属性或者方法之间用逗号隔开。

（2）访问对象的属性和方法：

```
alert(employee.name + " " + employee.position);
employee.introduce();
```

- 对象名 . 属性名：访问对象的属性。
- 对象名 . 方法名 ()：调用对象的方法。

让蜜蜂跟随鼠标移动

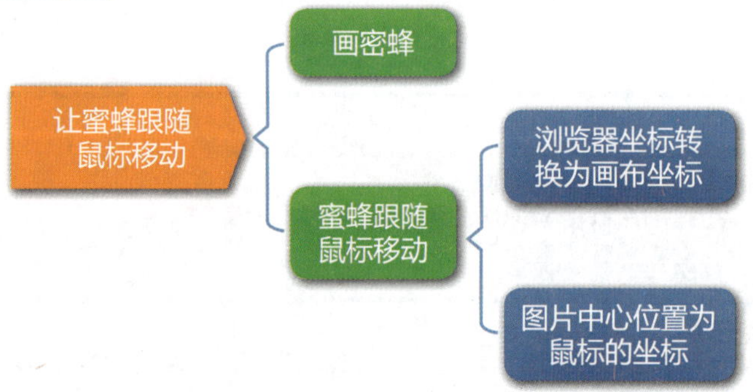

（1）首先需要绘制蜜蜂图片。

（2）然后让蜜蜂图片跟随鼠标移动。

（3）需要知道鼠标的坐标值是以浏览器窗口内的整个区域作为坐标轴来取值的，如下图区域：

鼠标坐标的取值范围

由于画布坐标原点和浏览器的坐标原点不是同一个点，所以同一个位置的点，浏览器坐标表示的值与画布坐标表示的值不一样，我们需要把鼠标在浏览器中的坐标值转换成画布中的坐标值，这样在画布中鼠标与图片的坐标值我们就可以用一个坐标轴的标准来表示了。

（4）接下来需要让鼠标指针位于图片的中心位置。

画蜜蜂

代码如下：

```
var x = 200;
var y = 400;
setInterval(function() {
    ......
    ctx.drawImage(bee, x, y);
}, 10);
```

蜜蜂的图片需要不停地绘制，所以我们要把它写到定时器里。

（1）鼠标移动事件（onmousemove）：

```
setInterval(function() {
    ......
        画蜜蜂
},10);
canvas.onmousemove = function(e) {
        获取鼠标的坐标
}
```

- onmousemove 事件会在鼠标移动时触发。
- canvas.onmousemove 表示鼠标在画布上移动触发的事件。
- 参数 e 为 event 对象，可以获取鼠标在浏览器中移动的相关信息。如鼠标指针的坐标。

（2）浏览器坐标转换成画布坐标：

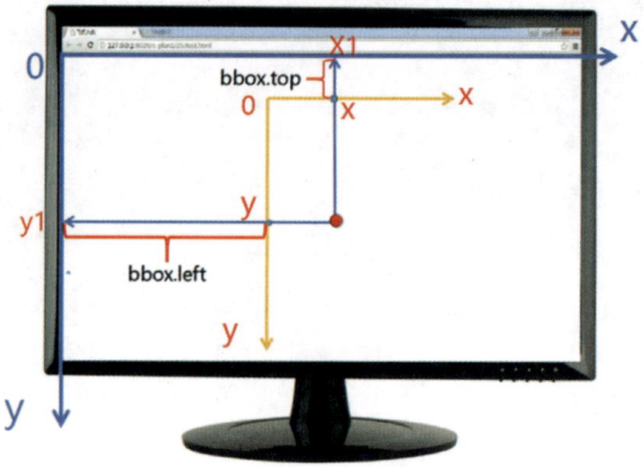

鼠标在浏览器中的坐标为（x1, y1），在画布坐标系中的坐标为（x, y），求鼠标在画布中的坐标：

```
x = x1 – bbox.left;
y = y1 – bbox.top;
```

浏览器坐标转换成画布坐标，代码如下：

```
function getPointOnCanvas(x, y) {
    var bbox = canvas.getBoundingClientRect();
    return {
        x : x - bbox.left,
        y : y - bbox.top
    };
}
canvas.onmousemove = function(e) {
    var mpoint = getPointOnCanvas(e.x, e.y);
}
```

- 通过 getBoundingClientRect() 方法会返回一个矩形对象，包含 4 个属性：left、top、right 和 bottom。分别表示元素各边与页面上边和左边的距离。
- getPointOnCanvas 方法返回一个对象直接量，此对象包含两个属性 x 和 y，分别表示转换之后画布中的 x 和 y 坐标。
- 声明变量 mpoint 存储获取的鼠标指针在画布中的坐标。

蜜蜂跟随鼠标移动

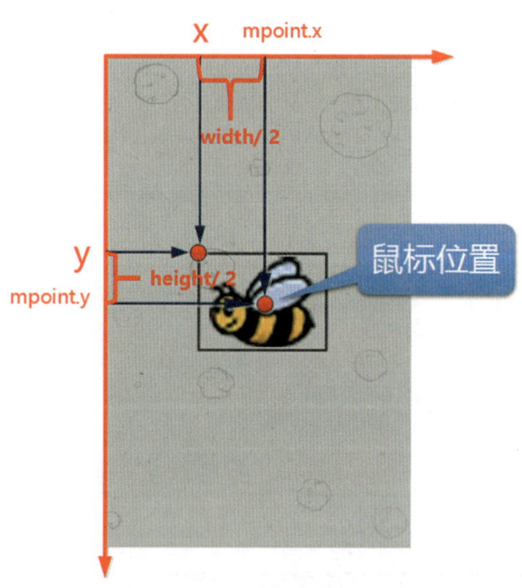

要想让蜜蜂图片的中心点保持在鼠标位置上，我们要用鼠标的坐标进行换算一下，(mpoint.x ，mpoint.y) 是鼠标的坐标，width/2 是蜜蜂图片宽度的一半，height/2 是蜜蜂图片高度的一半，代码如下：

```
x = mpoint.x – width/2;
y = mpoint.y – heigth/2;
```

蜜蜂跟随鼠标移动，代码如下：

```
canvas.onmousemove = function(e) {
    var mpoint = getPointOnCanvas(e.x, e.y);
    x = mpoint.x - 60/2;
    y = mpoint.y - 50/2;
}
```

转换鼠标坐标为画布坐标，用转换完的鼠标坐标换算蜜蜂图片的位置，让鼠标指针位于图片的中心点。

onmousemove 事件在飞机大战里的应用

当鼠标移动时让英雄机跟随鼠标一起移动，首先我们要为英雄机定义构造方法，创建英雄机对象，让英雄机的坐标位置与鼠标的坐标位置进行换算，达到英雄机图片中心保持在鼠标的坐标位置上。

（1）创建英雄机对象的构造方法：

```
function Hero(x, y, width, height, life, img) {
      this.width = width;
      this.height = height;
      this.x = 480 / 2 - this.width / 2;
      this.y = 650 - this.height - 30;
      this.life = life;
      this.img = img;
      this.paint = function(ctx) {
          ctx.drawImage(this.img, this.x, this.y);
      }
}
```

定义英雄机对象的属性及方法。

（2）调用英雄机的 paint 方法：

```
var hero = new Hero(0, 0, 99, 124, 1, h);
function paintComponent(ctx) {
      ......
      hero.paint(ctx);
}
setInterval(function() {
     ......
     paintComponent(ctx) ;
}, 10);
```

创建英雄机对象，通过对象名调用英雄机画图片方法，最后在定时器中使画图片的方法重复执行。

（3）浏览器坐标转换成画布坐标，并实现英雄机跟随鼠标移动。

鼠标坐标与图片坐标的位置关系如下图所示：

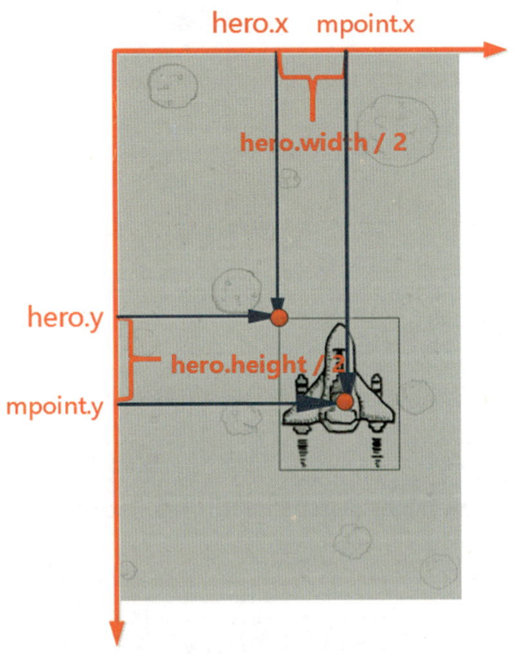

(mpoint.x, mpoint.y) 为鼠标坐标，而 (hero.x, hero.y) 是我们需要的图片坐标，我们用 mpoint.x –hero.width/2 可以得到 hero.x，用 mpoint.y – hero.height/2 可以得到 hero.y。代码如下：

```
canvas.onmousemove = function(e) {
① var mpoint = getPointOnCanvas(e.x, e.y) ;
② hero.x = mpoint.x – hero.width/2;
③ hero.y = mpoint.y – hero.height/2;
}
```

符号①处语句是将鼠标的浏览器坐标转换成画布坐标。

符号②、③处语句是让图片的中心位置保持在鼠标坐标上。

（1）跟随鼠标移动触发的事件是（　　）。

A. onmousemove 事件　　　　B. onclick 事件

（2）如下图所示，已知图片的宽为 150，高为 250，图片中心位置的坐标为（375, 525），计算图片坐标（x, y），下列选项正确的是（　　）。

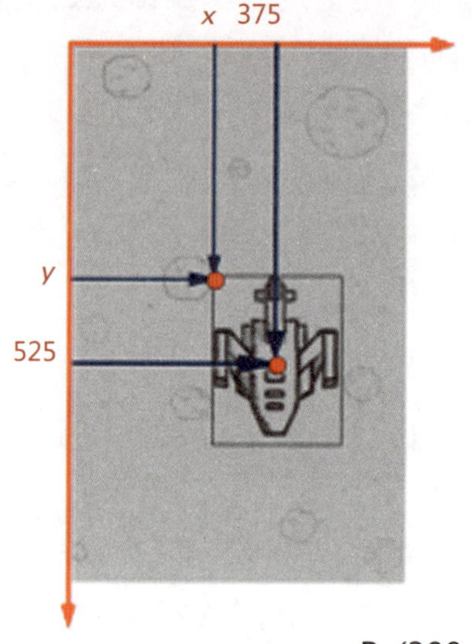

A. (225, 275)　　　　　　B. (300, 400)

（3）观察以下图片，鼠标的坐标应位于英雄机图片的中心位置。

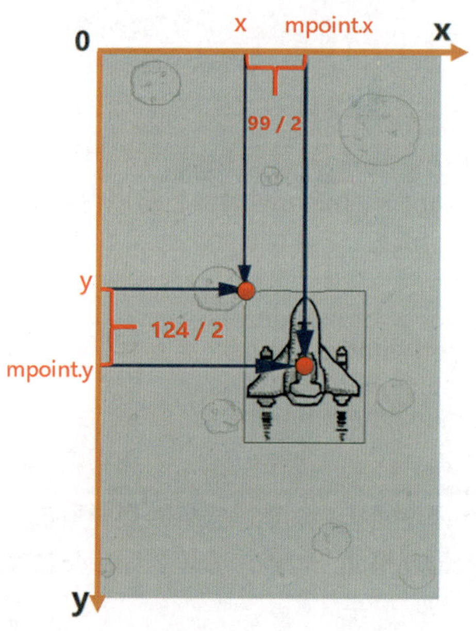

上述代码横线处应填写的内容是（　　）。

A. 99/2, 124/2

B. mpoint.x – 99/2, mpoint.y – 124/2

让第三种类型的敌机跟随鼠标移动。

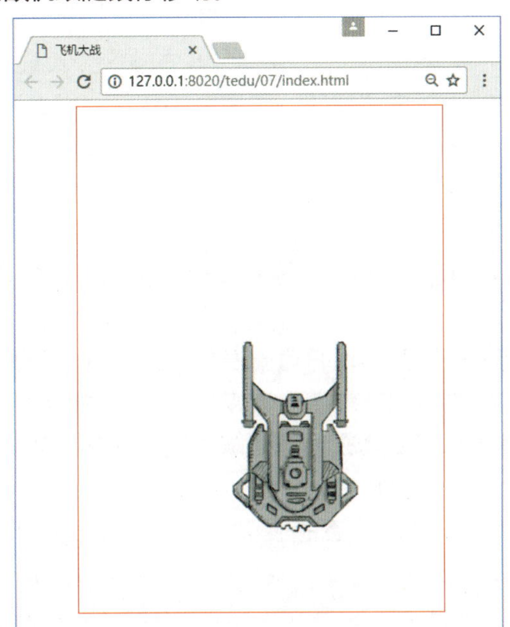

必做题

让第二种类型的敌飞机跟随鼠标移动。

选做题

在画布中画背景与一架敌机，当鼠标碰到敌机时，敌机消失。

使用电脑的恶习：

（1）所有软件和游戏程序都默认安装在 C 盘

在进行电脑操作的时候，最基础的当然是软件的安装，如果你告诉我这非常简单，全部选择“下一步”，然后单击“完成”按钮就搞定了，那么恭喜你，系统盘将在不久之后被装满，系统将会非常慢，并且有可能因此而崩溃。

一般来说，不论是下载的软件还是自己拿光盘进行安装，系统都会默认安装在C盘，也就是系统盘，系统盘空间不足会导致许许多多的问题，所以还是奉劝大家平时安装软件的时候要有一个良好的习惯，尽量不要把软件和游戏安装在 C 盘。

（2）反复开机关机

反复开关机这个问题在谁身上都有可能发生，其实开机和关机都不会对电脑造成什么伤害，只是两者间隔的时间非常值得大家注意。短时间频繁脉冲的电压冲击，可能会损害计算机上的集成电路，其次，受到伤害最大的是硬盘，现在的硬盘都是高速硬盘，从切断电源到盘片完全停止转动，需要比较长的时间。如果盘片没有停转，就重新开机，就相当于让处在减速状态的硬盘重新加速。长此下去，这样的冲击一定会使得你的硬盘“小命”不保。因此，我们必须注意平时的开关机操作，保护我们的电脑。

第二十课　对象和方法的应用和继承

知识目标

- 对象在飞机大战游戏中的应用
- 给对象定义方法的应用
- 继承的概念及应用

项目目标

- 英雄机发射子弹

英雄机发射子弹

项目实现思路，如下图所示。

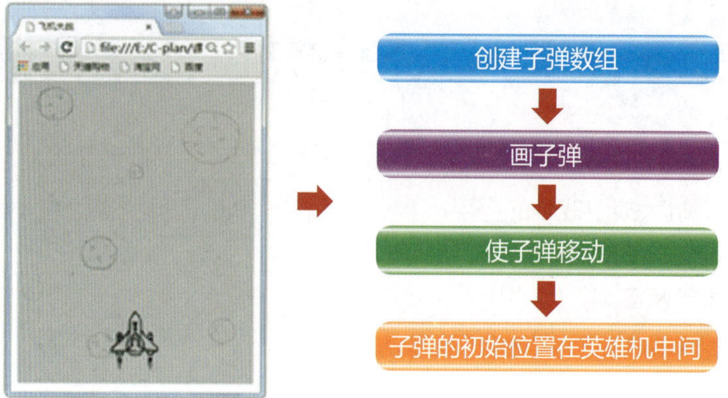

（1）分析子弹对象的属性，如下图所示。

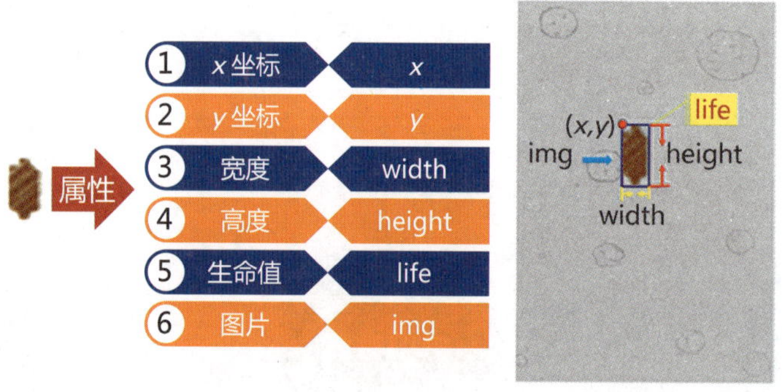

创建子弹对象的构造方法，代码如下：

```
function Bullet(x, y, width, height, life, img){
    this.x = x;
    this.y = y;
    this.width = width;
    this.height = height;
    this.life = life;
    this.img = img;
}
```

（2）分析子弹对象的方法，如下图所示。

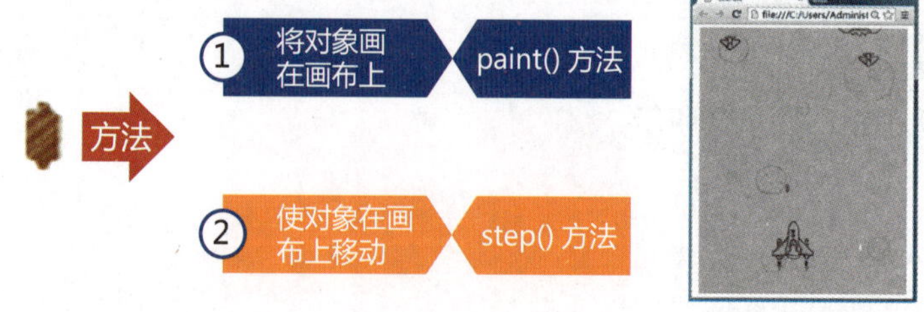

在构造方法中添加画子弹的方法，代码如下：

```
function Bullet(x, y, width, height, life, img){
    ......
    this.paint = function(ctx){
        ctx.drawImage(this.img, this.x, this.y);
    }
}
```

分析子弹对象移动方法，如下图所示。

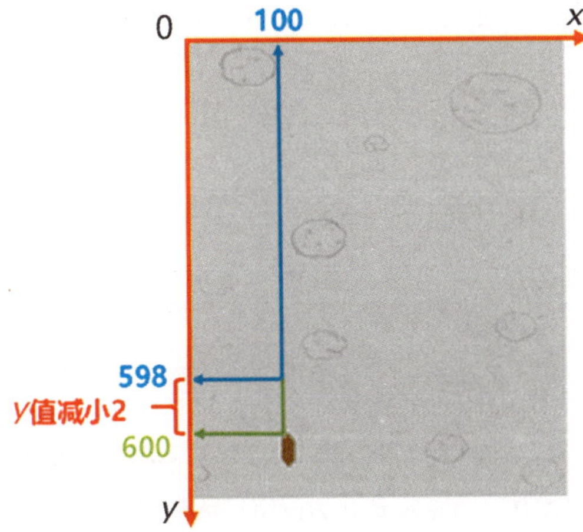

子弹竖直向上移动，x 值不变，y 值变小。

在构造方法中添加让子弹向上移动的方法，代码如下：

```
function Bullet(x, y, width, height, life, img){
    ......
    this.step = function( ){
        this.y -= 2;
    }
}
```

注：this.y -= 2 等价于 this.y = this.y - 2。

（3）创建子弹对象（将子弹从 x 坐标为 200，y 坐标为 600 的位置开始发射，子弹的宽度为 9px，高度为 21px，生命值为 1，img 为 b）。

```
var bullet = new Bullet(200, 600, 9, 21, 1, b);
```

（4）在定时器中调用 bullet 对象的 paint 以及 step 方法。

```
setInterval(function( ){
    ......
    bullet.paint(ctx);
    bullet.step( );
}, 10);
```

- 目前实现的效果是：在画布上坐标为（200, 600）的位置画一颗子弹，并以每 10 毫秒 2px 的速度向上移动。

（5）将子弹对象存储到数组中，并调用 paint 以及 step 方法。

要实现子弹连续不断移动的效果，那么就需要创建无数个子弹对象，再将子弹对象存储在 bullets 数组中。然后，访问 bullets 数组中的子弹对象，调用子弹对象的 paint 方法和 step 方法即可。

创建 bullets 数组，存储子弹对象。

```
var bullets = [ ];
```

向 bullets 数组中添加子弹对象。

```
bullets[bullets.length] = new Bullet(200, 600, 9, 21, 1, b);
```

访问 bullets 数组中的子弹对象，并调用子弹对象的方法。

```
setInterval(function( ){
    ......
    bullets[0].paint(ctx);
    bullets[0].step( );
}, 10);
```

（6）在 Hero 构造方法中创建 shoot 方法。

在飞机大战游戏中，当发现是英雄机在发射子弹。接下来，需要在 Hero 构造方法中定义 shoot 方法，该方法实现的功能为向 bullets 数组中添加子弹对象。

```
function Hero(x, y, width, height, life, img){
    ......
    this.shoot = function( ){
        bullets[bullets.length] = new Bullet(200, 600, 9, 21, 1, b);
    }
}
```

（7）调用 shoot 方法。

想要不断地向 bullets 数组中添加子弹对象，就需要在定时器中每隔 10 毫秒来调用 shoot 方法，代码如下：

```
setInterval(function( ){
    componentEnter( );
    hero.shoot( );
    paintComponent(ctx);
    componentStep( );
}, 10);
```

（8）画子弹对象。

```
function  paintComponent(ctx){
    ......
    for(var i = 0; i < bullets.length; i++){
        bullets[i].paint(ctx);
    }
}
```

（9）使子弹移动。

```
function  componentStep( ){
        ......
    for(var i = 0; i < bullets.length; i++){
        bullets[i].step ( );
    }
}
```

子弹的起始位置在飞机的中间

飞机大战的游戏中，发射的子弹随着英雄机的移动而移动，而且发射子弹的起始位置永远在英雄机的中间位置，如图 26-5(1) 所示。子弹发射时要跟着英雄机移动，要实现这样的效果需要分析英雄机和子弹的坐标位置，如图 26-5(2) 所示。

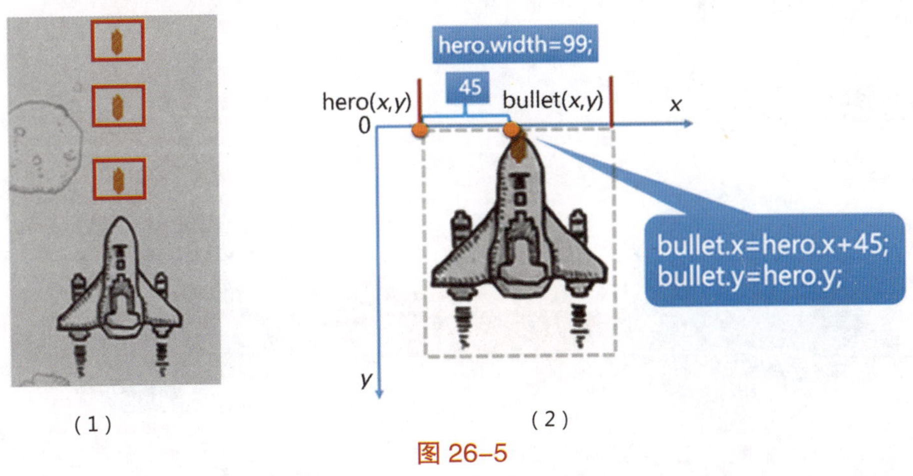

图 26–5

子弹的 y 坐标和英雄机一样，子弹的 x 坐标是在英雄机 x 坐标的基础上加上英雄机宽度（99px）的一半减去子弹宽度（9px）的一半，即英雄机的 x 坐标加上

45px 即可。

（1）修改 shoot 方法。

```
function Hero(x, y, width, height, life, img){
    ......
    this.shoot = function( ){
        bullets[bullets.length] = new Bullet(this.x + 45, this.y, 9, 21, 1, b);
    }
}
```

（2）在 shoot 方法中控制子弹的创建速度。

```
function Hero(x, y, width, height, life, img){
    ......
    this.shootInterval = 300;
    this.shootLastTime = 0;
    this.shoot = function( ){
        if(! isActionTime(this.shootLastTime, this.shootInterval)){
            return;
        }
        this.shootLastTime = new Date( ).getTime( );
        bullets[bullets.length] = new Bullet(this.x + 45, this.y, 9, 21, 1, b);
    }
}
```

- 设置时间间隔，让子弹 300 毫秒发射一颗。

根据周长计算圆形面积

计算公式：

圆形的面积　0.0796*c*c

796

正方形的面积　0.0625*c*c

625

（1）创建圆形构造方法 Circle：

```
function Circle(c) {
    this.c = c;
    this.area = function() {
        return 0.0796 * this.c * this.c;
    }
}
```

（2）创建圆形对象，并调用 area 方法求面积：

```
var circle = new Circle(100);
var area = circle.area();
alert(area);
```

代码的运行结果如下：

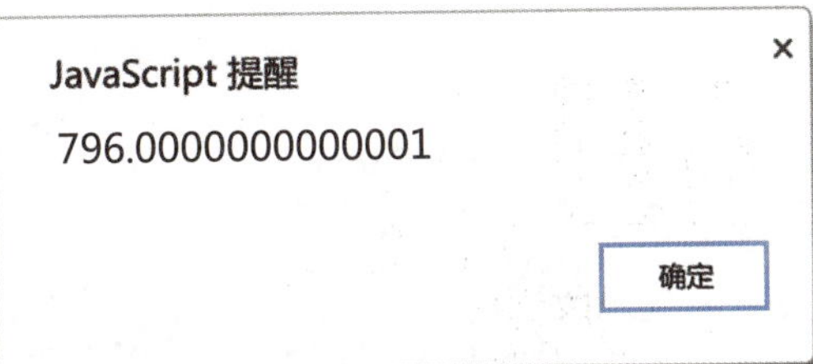

根据周长计算正方形面积

计算公式：

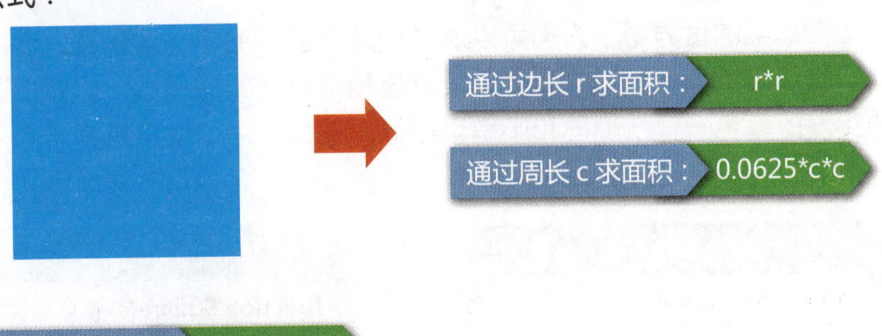

正方形的面积 0.0625*c*c

625

（1）创建正方形构造方法 Square：

```
function Square(c) {
    this.c = c;
    this.area = function() {
        return 0.0625 * this.c * this.c;
    }
}
```

（2）创建正方形对象，并调用 area 方法求面积：

```
var square = new Square(100);
var area = square.area();
alert(area);
```

代码的运行结果如下：

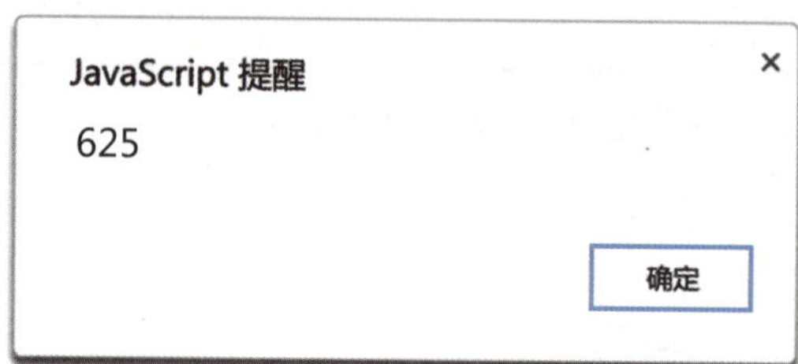

认识继承

在真实的世界中，人们可以从他们父母那里继承一些东西。你可以继承一些特征，比如说黄色头发，或者可以继承钱和财产之类的东西。比如上图，儿子和父亲的头发的颜色一样，嘴巴和脸型也相似。在编程中，继承是指一个对象直接使用另一个对象的属性和方法。

创建一个圆形构造方法Circle()

```
function Circle(c) {
  this.c = c;
  this.area = function() {
    return 0.0796 * this.c * this.c;
  }
}
var circle=new Circle(100);
var area=circle.area();
alert(area);
```

创建一个正方形构造方法Square()

```
function Square(c) {
  this.c = c;
  this.area = function() {
    return 0.0625 * this.c * this.c;
  }
}
var square=new Square(100);
var area=square.area();
alert(area);
```

通过观察上述代码可以发现，圆形对象和正方形对象拥有同样属性 c 和方法 area()，我们可以从它们中抽象出一个父对象 Shape()。

继承

（1）创建父对象的构造方法 Shape。

```
function Shape(c) {
    this.c = c;
    this.area = function( ) {
        return 0.0796 * this.c *this.c;
    }
}
```

- 在 area 方法中，默认实现的是圆形面积的计算方式。

（2）创建子对象的构造方法 Circle。

```
function Circle(c){
    Shape.call(this, c);
}
```

① 子对象通过 call 方法继承父对象。

② 参数 this 表示用当前的 Circle 对象替换了 Shape 对象，拥有了 Shape 对象的属性和方法。

（3）创建子对象的构造方法 Square。

```
function Square(c){
    Shape.call(this, c);
}
```

① 子对象通过 call 方法继承父对象。

② 参数 this 表示用当前的 Square 对象替换了 Shape 对象，拥有了 Shape 对象的属性和方法。

③ 通过继承，子对象拥有父对象的所有属性和方法。

（4）创建圆形和正方形对象并调用 area 方法。

```
var circle = new Circle(100);
var square = new Square(100);
alert(circle.area( ));
alert(square.area( ));
```

代码运行结果如下图所示。

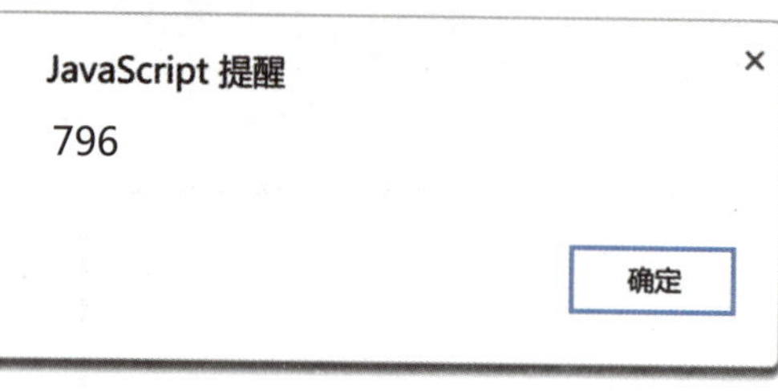

通过代码运行结果发现，分别调用圆形对象和正方形对象的 area 方法，代码的运行结果竟然是一样的。这是因为两个对象都调用了父对象默认的 area 方法。

（5）子对象重写父对象的 area 方法。

```
function Square(c) {
    Shape.call(this, c);
    this.area = function( ) {
        return 0.0625 * this.c * this.c;
    }
}
```

再次运行代码，两次运行结果分别为 796 和 625。此时，正方形对象不再调用父对象的 area 方法，而是调用子对象重写后的 area 方法。

创建数组随机存储图形对象，并比较数组中元素面积的大小：

```
var shapes = [ ];                                        ①
function shapesObj() {                                   ②
    var n = parseInt(Math.random() * 2);                 ③
    var c = parseInt(Math.random() * 10+1);              ④
    if (n < 1) {                                         ⑤
            shapes[shapes.length] = new Circle(c);
    } else {
            shapes[shapes.length] = new Square(c);
    }
}
for (var i = 0; i < 10; i++) {                           ⑥
    shapesObj();
}
var max = shapes[0].area();                              ⑦
var maxIndex = 0;                                        ⑧
for (var i = 1; i < shapes.length; i++) {                ⑨
var area = shapes[i].area();                             ⑩
    if (area > max) {
        max = area;
        maxIndex = i;
    }
}
alert( "数组中下标为 " + maxIndex + " 的图形的面积最大，面积为：" + max);
```

① 创建 shapes 数组，存储图形对象。

② 创建 shapesObj 方法，随机生成图形对象。

③ 声明变量 n，存储随机生成的整数 0 和 1。

④ 声明变量 c，存储随机生成的周长。

⑤ 若变量 n 的值小于 1 时，向 shapes 数组中添加圆形对象，否则向 shapes 数组中添加正方形对象。

⑥ 使用 for 循环，向 shapes 数组中添加图形对象。

⑦ 声明变量 max，表示 shapes 数组中面积最大的图形对象的面积。

⑧ 声明变量 maxIndex，表示 shapes 数组中面积最大的图形对象的下标。

⑨ 使用 for 循环，判断 shapes 数组中面积最大的图形对象。

⑩ 声明变量 area，存储 shapes 数组中图形对象的面积。

继承在飞机大战游戏中的应用

（1）定义 Bullet 构造方法。代码如下：

```
function Bullet (x, y, width, height, life, img) {
    this.x = x;
    this.y = y;
    this.width = width;
    this.height = height;
    this.life = life;
    this.img = img;
    this.paint = function (ctx) {
        ctx.drawImage (this.img, this.x, this.y);
    }
    this.step = function ( ) {
        this.y -= 2;
    }
}
```

（2）定义 Hero 构造方法，代码如下：

```
function Hero (x, y, width, height, life, img) {
    this.width = width;
    this.height = height;
    this.x = 480/2 – this.width/2;
    this.y = 650 – this.height - 30;
    this.life = life;
    this.img = img;
    this.shootLastTime = 0;
    this.shootInterval = 300;
    this.paint = function (ctx) {
        ctx.drawImage (this.img, this.x, this.y);
    }
    this.shoot = function () {
        if (!isActionTime(this.shootLastTime, this.shootInterval)) {
            return;
        }
        this.shootLastTime = new Date().getTime();
        bullets[bullets.length] = new Bullet(this.x + 45, this.y, 9, 21, 1, b);
    }
}
```

（3）定义 Enemy 构造方法，代码如下：

```
function Enemy (x, y, width, height, type, life, score, img) {
    this.width = width;
    this.height = height;
    this.x = Math.random() * (480 – this.width);
    this.y = -this.height;
    this.type = type;
    this.life = life;
    this.score = score;
    this.img = img;
    this.lastTime = 0;
    this.interval = 10;
    this.paint = function (ctx) {
        ctx.drawImage (this.img, this.x, this.y);
    }
    this.step = function () {
        if (!isActionTime(this.lastTime, this.interval)) {
            return;
        }
        this.lastTime = new Date().getTime();
        this.y = this.y + 1;
    }
}
```

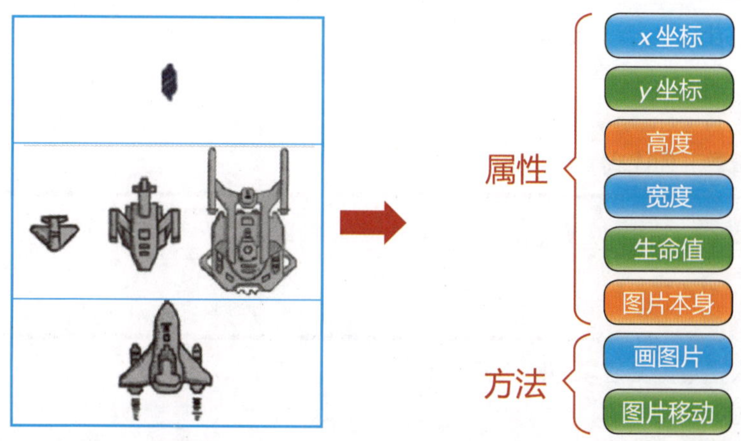

这 3 个构造方法中都有：x 坐标、y 坐标、高度、宽度、生命值和图片本身属性，以及画图片和图片移动方法。我们可以把这些共有的属性及方法放在一个父对象中，用子对象继承父对象，这样可以使我们的代码变得更加简洁易读。

（1）观察图片进行计算，子弹的坐标表示正确的是（　　）。

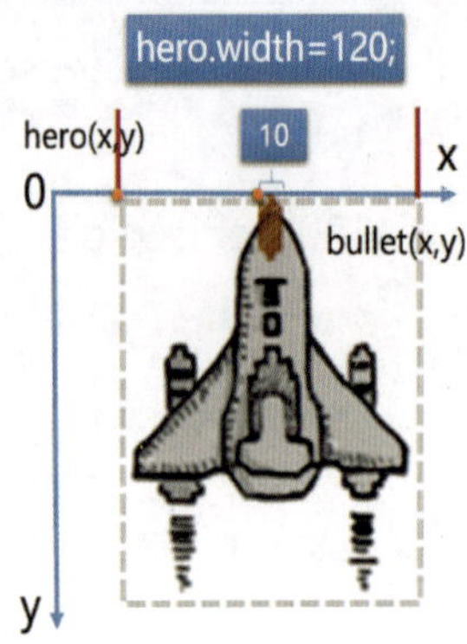

A．(hero.x + 60, hero.y)　　B.(hero.x + 55, hero.y)

C．(hero.x - 60, hero.y)　　D.(hero.x - 55, hero.y)

（2）创建一个子弹对象 bullet，下列选项正确的是（　　）。

A. var bullet = new Bullet();

B. var bullet = new Bullet(200, 600, 9, 21, 1, b);

C. var bullet = Bullet(200, 600, 9, 21, 1, b);

D. var bullet = new Bullet(200, 600);

（3）让子弹向下移动的方法，下列选项正确的是（　　）。

A.
```
this.step = function() {
    this.y -= 2;
}
```

B.
```
this.step = function() {
    this.y += 2;
}
```

（4）请看下列代码：

```
function Bullet(x, y, width, height, life, img) {

}
```

大括号里面应填写的内容是（　　）。

A.
```
x = x;
y = y;
width = width;
height = height;
life = 1;
img = b;
```

B.
```
this.x = x;
this.y = y;
this.width = width;
this.height = height;
this.life = life;
this.img = img;
```

（5）子弹向上移动时，子弹坐标的变化规律是（　　）。

A. x 值不变，y 值变大　　B. x 值变大，y 值不变

C. x 值变小，y 值变大　　D. x 值不变，y 值变小

（6）子对象继承父对象，使用的方法正确的是（　　）。

A. function ()　　B. call ()

C. alert ()　　D. case ()

（7）下列代码创建了父对象，子对象继续父对象的正确方法是（ ）。

A.
```
function Circle (a) {
    Shape.call (this, a);
}
```

B.
```
function Circle () {
    Shape.Call (this, a);
}
```

（1）请看下列代码：

```
function componentStep() {
    sky.step();
    for (var i = 0; i < enemies.length; i++) {
        enemies[i].step();
    }
    bullets[0].step();
}
```

对红色着重显示的代码进行补充修改，使所有的子弹都可以移动。

（2）创建一个三角形的构造方法，命名为 Triangle，并继承父对象 Shape。

```
function Shape(c) {
    this.c = c;
    this.perimeter = function() {
        return c;
    }
}
```

必做题

以传参的形式创建 Game 构造方法：

（1）属性：玩家姓名（player）、游戏名称（name）、英雄（hero）、敌军（enemy）；

（2）方法：play(在方法中实现用警告框弹出玩家 xxx 在玩 xxx 游戏，使用 xx 英雄来对抗敌军的 xxx)；

（3）创建游戏对象，并调用 play 方法。

选做题

自己编写程序，实现英雄机发射两束子弹。（英雄机图片的宽度为 100px，子弹图片的宽度为 10px，两束子弹的位置分别距离英雄机的中心点 5px 远）

长期面对电脑，各种危害都要防微杜渐。尤其是对面部皮肤和眼睛的防护，具体如下：

（1）电脑屏幕的亮度不要太大，屏幕亮度越大，电磁辐射越强，反之越小。
不过，也不能调得太暗，以免因亮度太小而影响效果，且易造成眼睛疲劳。
这个具体的屏幕亮度全凭自己的喜好，至于角度，屏幕与你的视线相垂直就会很好。

（2）使用电脑后，脸上会吸附不少电磁辐射的颗粒。
因此，要及时用清水洗脸，这样将使所受辐射减轻 70%以上。

（3）可在电脑桌前放置一盆绿色植物，这样有助于保护视力。

（4）要注意饮食。多吃新鲜蔬菜和水果，增加摄入维生素 A、B1、C、E 等。
操作电脑的人应多吃些富含维生素 A 的食物：
如豆制品、鱼、牛奶、核桃、青菜、西红柿及新鲜水果等。

（5）多眨眼，一般情况下，人每分钟眨眼少于 5 次会使眼睛干燥。
眨眼时的泪液可以润滑角膜，有利于调节和改善视力。
可以补充水分，避免长时间盯着屏幕而眼睛干涩。

课后心得

答案解析

第十一课　数组的应用和 parseInt() 方法

（1）[答案]A

[解析]

创建数组时要使用中括号，数组中的每个元素用逗号分隔，排除 C 和 D 选项。因为数组中的元素为字符串，需要用双引号括起来，B 选项也不正确。

（2）[答案]C

[解析]

数组中不仅可以存储数字和字符串，还可以存储对象等信息。

（3）[答案]var cars = [new Car(" 宝马 ", " 红色 ", 2000),
new Car(" 奥迪 ", " 黑色 ", 1500),
new Car(" 奔驰 ", " 白色 ", 3000)];

[解析]

定义一个数组 cars，存储汽车对象，在红线处分别创建宝马，奥迪，奔驰三种汽车对象。创建对象用关键字 new，由于 Car 构造方法中含有 3 个参数，在创建对象时分别传入对象的相应参数即可。

（4）[答案]B

[解析]

我们从代码中可以看出，数组 cars 中存储了 3 个元素，每个元素均为一个对象。下标为 0 的元素为宝马汽车对象，下标为 1 的元素为奥迪汽车对象，下标为 2 的元素为奔驰汽车对象。所以要显示奥迪车的相关信息，首先获得奥迪车对象，根据用数组下标访问数组元素的方法为：数组名 [下标]，即 cars[1] 为奥迪车对象。再根据访问对象属性的方法：对象名 . 属性名，来访问奥迪车的各个属性。

A 选项，奥迪车的下标为 1，下标为 2 的对象为奔驰车。

C 选项，访问数组元素的方法为：数组名 [下标]。

D 选项，访问数组元素的方法为：数组名 [下标]，不是小括号。

（5）[答案]D

[解析]

数组中元素的下标从零开始。

（6）[答案]D

[解析]

因为数组下标从 0 开始，所以火龙果是下标为 2 的元素，提取数组元素时要用数组名加中括号，中括号中写下标。

（7）[答案]A

[解析]

B 选项，不符合题目要求，它是在定义数组的同时为数组进行赋值。

（8）[答案]new Fruit (" 苹果 ", " 红色 ", 1)

[解析]

用 new 关键字通过构造方法 Fruit 以传参的形式创建对象，对象名为 fruits[0]。

（9）[答案]alert（fruits[1].type + ":" +

```
fruits[1].color + ":" +
fruits[1].weight）;
```

[解析]

根据代码可知数组 fruits 存储了苹果、香蕉和西瓜三种对象，对象的属性名分别为 type、color 和 weight 。根据访问数组中对象的属性的方法：数组名 [下标]. 属性名，又因为香蕉对象的下标为 1，所以横线处为上述代码。

[解析]

创建 Fish 构造方法，代码如下：

```
function Fish(type, color, weight) {
    this.type = type;
    this.color = color;
    this.weight = weight;
}
```

创建数组 fish，存储 Fish 对象，代码如下：

```
var fish = [ new Fish(" 金鱼 ", " 白色 ", "2"),
             new Fish(" 鲤鱼 ", " 红色 ", "3"),
             new Fish(" 带鱼 ", " 银色 ", "2") ];
```

使用警告框的方法，在警告框中显示带鱼的相关信息，代码如下：

```
alert(fish[2].type + "," + fish[2].color + "," + fish[2].weight);
```

运行结果如下所示：

JavaScript 提醒

带鱼，银色，2

确定

必做题

[解析]

根据题意可知需要首先定义一个构造方法，该构造方法含有 3 个参数，分别为 type、color 和 size， 代码如下：

```
function Ball(type, color, size) {
    this.type = type;
    this.color = color;
    this.size = size;
}
```

创建数组 balls，存储 Ball 对象，代码如下：

```
var balls = [ new Ball(" 篮球 ", " 橙色 ", " 中号 "),
              new Ball(" 足球 ", " 白色 ", " 小号 "),
              new Ball(" 排球 ", " 银色 ", " 大号 ") ];
```

使用警告框的方法，在警告框中显示足球的相关信息，代码如下：

```
alert(balls[1].type + "," + balls[1].color + "," + balls[1].size);
```

运行结果如下所示：

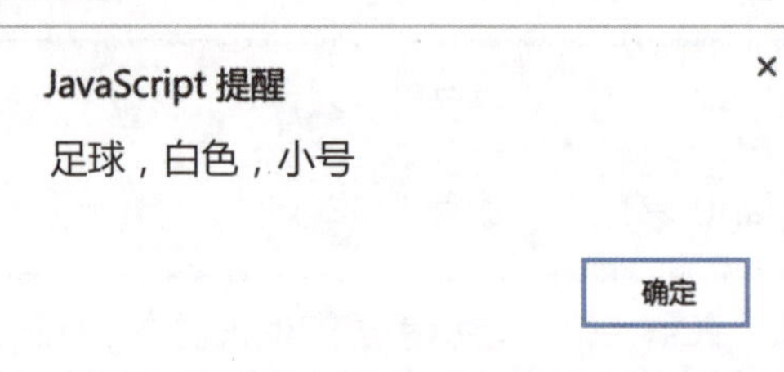

选做题

[解析]

根据题意可知需要首先定义一个构造方法，该构造方法含有 3 个参数，分别为 name、number 和 score，代码如下：

```
function Student(name, number, score) {
    this.name = name;
    this.number = number;
    this.score = score;
}
```

创建数组 stus，存储 Student 对象，代码如下：

```
var stus = [ new Student(" 刘小美 ", 11, 99),
             new Student(" 王小强 ", 3, 98),
             new Student(" 张小利 ", 15, 97) ];
```

使用警告框的方法，在警告框中显示张小利的相关信息，代码如下：

```
alert(stus[2].name + "," + stus[2].number + "," + stus[2].score);
```

运行结果如下所示：

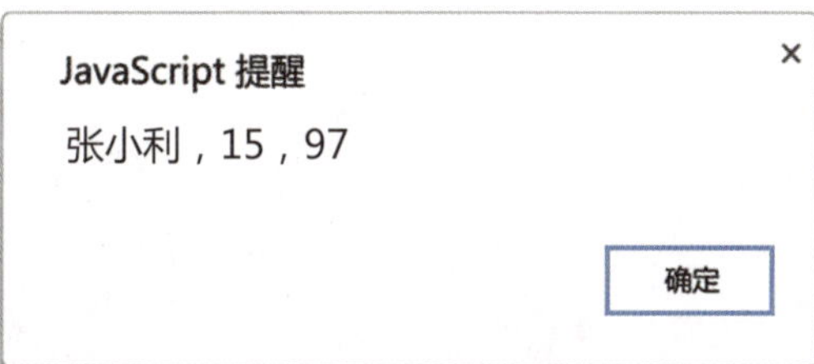

第十二课　数组的应用以及 switch 语句

（1）答案：B

[解析]

A 选项是在创建数组的同时为数组赋值。

（2）[答案]C

[解析]

题目要求是显示宝马的相关信息，宝马对象是数组的第一个元素，所以下标为 0。首先 A、D 选项格式书写错误，B、C 选项里 C 选项的下标为 0，所以选 C。

（3）[答案]C

[解析]

我们从代码中可以知道，变量 n 的值为 2，s 的初始值为 0，进入 switch 语句时，进行匹配判断，与 case 2 该分支匹配，所以执行该分支后的语句 s = 2，将 2 重新赋值给 s，即 s 的值为 2；接着往下继续执行 s = 3，将 3 重新赋值给 s，即 s 的值为 3；接着往下继续执行 s = 4，将 4 重新赋值给 s，即 s 的值为 4；接着往下继续执行 s = “不在范围内”，switch 语句结束，所以 alert（s）的值为“不在范围内”。

（4）[答案]B

[解析]

我们从代码中可以知道，变量 n 的值为 2，s 的初始值为 0。进入 switch 语句时，进行匹配判断，与 case 2 该分支匹配，所以执行该分支后的语句 s = 2，将 2 重新赋值给 s，即 s 的值为 2；接着往下继续执行 s = 3，将 3 重新赋值给 s，即 s 的值为 3；接着往下继续执行 s = 4，将 4 重新赋值给 s，即 s 的值为 4；接着往下继续执行遇到了 break 关键字，停止执行，跳出 switch 语句，所以 alert（s）的值为 4。

[解析]

首先输入科目需要使用 prompt 方法弹出信息提示输入框。代码如下：

```
var course = prompt(" 请输入补习班的科目名称：");
```

使用 switch-case 语句根据输入的科目显示对应的上课时间，代码如下：

```
var course = prompt(" 请输入补习班的科目名称：");
switch(course) {
        case " 英语 ":
                alert(" 星期一 ");
                break;
        case " 奥数 ":
                alert(" 星期三 ");
                break;
        case " 美术 ":
                alert(" 星期五 ");
                break;
        default:
                alert(" 你输入的课程不存在。");
}
```

（2）[解析]

1）定义构造方法 Tools，代码如下：

```
function Tools(name, attack) {
        this.name = name;
        this.attack = attack;
}
```

2）创建 equips 数组，并使用 switch-case 语句根据输入的 1 ～ 3 数字创建不同的武器对象并存储到 equips 数组中，代码如下：

```
var equips = [];
var num = prompt(" 请输入 1-3 之间的数字：");
switch(num) {
        case "1":
                var sword = new Tools(" 剑 ", 100);
                equips[0] = sword;
                break;
        case "2":
                var knife = new Tools(" 刀 ", 200);
                equips[0] = knife;
                break;
        case "3":
                var bow = new Tools(" 弓 ", 300);
                equips[0] = bow;
                break;
        default:
                alert(" 无任何武器装备！ ");
}
```

3）使用 confirm 方法查看 equips 中的武器，代码如下：

```
var isExist = confirm(" 装备中武器的名称： ");
if(isExist == true) {
    alert(equips[0].name);
}
```

必做题

[解析] 首先输入星期需要使用 prompt 方法弹出信息提示输入框。代码如下：

```
var week = prompt(" 请输入星期几：");
```

使用 switch-case 语句根据输入的星期显示对应的上课科目，代码如下：

```
var week = prompt(" 请输入星期几：");
switch(week) {
        case " 星期一 " :
                alert(" 篮球课 ");
                break;
        case " 星期二 " :
                alert(" 足球课 ");
                break;
        case " 星期三 " :
                alert(" 乒乓球课 ");
                break;
        default :
                alert(" 无课后活动 ");
}
```

选做题

[解析] 首先使用 prompt 方法弹出信息提示输入框输入考试成绩。代码如下：

```
var score = prompt(" 请输入考试成绩：");
```

使用 switch-case 语句根据输入的考试成绩显示对应的等级，而 case 匹配的值不能是某个范围， 所以可以对输入的考试成绩除以 10，然后使用 parseInt 方法取整，结果如果为 9，等级为 A；如果为 8， 等级为 B；如果为 7，等级为 C；如果为 6，等级为 D；如果为 5 ~ 0，等级为不及格。代码如下：

```
var score = prompt(" 请输入考试成绩：");
var s = parseInt(score/10);
switch(s) {
        case "9" :
                alert(" 等级 A");
                break;
        case "8" :
                alert(" 等级 B");
                break;
        case "7" :
                alert(" 等级 C");
                break;
        case "6" :
                alert(" 等级 D");
                break;
        default :
                alert(" 不及格 ");
}
```

第十三课　splice() 方法 、switch 语句和数组

（1）[答案]B

[解析]

我们从代码中可以知道变量 a 的值为 3.9，变量 b 的值为 3.1，我们知道 parseInt 方法的返回值是一个整数，所以 parseInt（a）的值为 3, 而 3>3.1 为 false，所以警告框上显示的结果为 false。

（2）[答案]B

[解析]

从代码中可以知道声明了变量 a，并赋值为 17.98，声明了变量 b，并赋值为 17.23，parseInt（a）的值为取变量 a 的整数部分，所以变量 c 的值为 17；parseInt（b）的值为取变量 b 的整数部分。所以变量 d 的值为 17，那么 c < d 不正确，结果为 false。

（3）[答案]B

[解析]

splice 括号中是 1、0、10，意思是在下标为 1 的地方插入数字 10。数组中 b 的

位置下标为 1，所以 10 被插在 b 的位置上，b 与 b 后面的元素向后移动一个位置，数组中现有元素为 ["a", "10", "b", "c", "d"]。

（4）[答案]D

[解析]

要满足整个表达式返回值为 false，逻辑或运算符两边的表达式都为 false 才可以，这里只有 D 选项满足条件，a ＞ c 不成立，b ＜ 3 也不成立，所以最终表达式结果为 false。

（5）[答案]arr.splice(2, 0, 1);

[解析]

2 后面的元素下标为 2，所以小括号第一项填 2，又因为是插入，所以第二项填 0，插入的元素为 1， 所以最后一项填写 1。

（6）[答案]B

[解析]

B 选项的结果为 true，i ＜ 8 为 true，所以 B 选项的逻辑表达式的最终结果为 true，其他选项与判定结果不符。

[解析] 代码如下：

```
var arr = [" 语文 ", " 数学 ", " 英语 ", " 体育 ", " 劳动 "];
var n = prompt (" 请输入 0-5 之间的任意一个数字：");
switch (n) {
    case "0" :
        arr.splice (0, 0, " 编程 ");
        break;
    case "1" :
        arr.splice (1, 0, " 编程 ");
        break;
    case "2" :
        arr.splice (2, 0, " 编程 ");
        break;
    case "3" :
        arr.splice (3, 0, " 编程 ");
        break;
    case "4" :
        arr.splice (4, 0, " 编程 ");
        break;
    case "5" :
        arr.splice (5, 0, " 编程 ");
}
alert (arr);
```

必做题

[解析] 代码如下：

```
var courses = [" 足球课 ", " 篮球课 ", " 排球课 "];
courses.splice (0, 0, " 乒乓球课 ");
```

选做题

[解析] 代码如下：

```
var num = [];
var arr = [];
var sma = 0;
num[0] = parseInt(prompt (" 请输入第一个数字："));
num[1] = parseInt(prompt (" 请输入第二个数字："));
num[2] = parseInt(prompt (" 请输入第三个数字："));
if (num[0] < num[1]) {
    sma = num[0];
    num[0] = num[1];
    num[1] = sma;
}
if (num[1] < num[2]) {
    sma = num[1];
    num[1] = num[2];
    num[2] = sma;
}
if (num[0] < num[1]) {
    sma = num[0];
    num[0] = num[1];
    num[1] = sma;
}
arr.splice (0, 0, num[0]);
arr.splice (1, 0, num[1]);
arr.splice (2, 0, num[2]);
alert (arr);
```

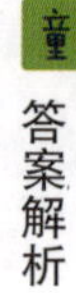

第十四课 document.write() 和 for 语句

（1）[答案]D

[解析]

要求在浏览器中输出“欢乐秀一秀”，应使用 document.write() 方法。小括号里面写要输出的内容，用双引号括起来。

A 选项，ctx.fillText 方法是在画布上写文字，小括号里缺少坐标位置；

B 选项，这种写法可以实现在画布上写出欢乐秀一秀；

C 选项，write 方法不是画笔 ctx 的方法。

（2）[答案] ①：参数初始化 ②：循环条件 ③：步长：i 值变化 ④：循环要做的事

[解析]

for 循环中，①处是循环开始执行前要执行的并只执行一次，应为：参数初始化；②处是判断循环是否要执行的条件，应为：循环条件；③处是执行完循环要做的事情之后要改变循环变量的值，应为：步长：i 值变化；④处是循环条件满足时要执行的内容，应为：循环要做的事。

（3）[答案]C

[解析]

下列 for 循环的 4 个表达式，执行顺序应该是先执行参数初始化，并且只执行一次。然后判断循环条件是否成立，如果成立，则执行大括号里的内容即循环要做的事。然后再将步长进行改变，循环变量改变后再判断循环条件是否成立，如果不成立，则循环结束。所以应为①②④③，C 选项是正确的。

（4）[答案]C

[解析]

执行结果中共输出了 10 个数字，从 0 开始，从 9 结束，每次输出一个数字，共需要循环 10 次输出，变量 i 的初始值为 0，每次加 1，加到 9 刚好 10 次，所以 i 应该小于 10。

（5）[答案]A ， B

[解析]

一共需要 30 个笑脸，所以循环需要 30 次，变量 i 的初始值为 1，每次加 1，循环 30 次 i <= 30。每输出 3 个笑脸并换行，只要让 i 值为 3 的倍数时输出换行符就可以了，i % 3 == 0 时 i 为 3 的倍数，故①处填 30，② 处填 3。

（6）[答案]D

[解析]

循环输出 1 ~ 20，使用 for 循环即可实现。所以 D 选项是正确的。

(7) [答案]C

[解析]

如果要实现在浏览器中写出 1 4 7 10， 可以知道每个数之间依次增加 3，所以变量 i 的值在循环中每次增加 3，即横线处应该填写的代码为 i = i + 3。所以 C 选项是正确的。

(8) [答案] ① var i = 0; ② i < 10; ③ i = i + 1;

[解析]

设置变量 i 的初始值为 0，循环 10 次，i < 10，每次 i 值加 1，i = i + 1。

(9) [答案]C

[解析]

if 里面的判定条件决定输出换行符的位置，从执行结果可以看出，每输出 10 个笑脸就换行。那我们就让笑脸的输出个数满足 10 的倍数的时候输出换行符，i % 10 == 0 时，i 为 10 的倍数，所以 C 选项是正确的。

亲自出码

[解析]代码如下：

```
var x = "☆";
for(var i = 0; i < 10; i = i + 1) {
    document.write(x);
    document.write("<br/>");
    x = x + "☆";
}
```

[解析]代码如下：

```
for (var i = 0; i < 3; i = i + 1) {
   var x = "☆";
   for (var j = 0; j < 10; j = j + 1) {
      document.write(x);
      document.write("<br/>");
      x = x + "☆";
   }
}
document.write ("<br/>");
x = "|";
for (var i = 0; i < 10; i = i + 1) {
   for (var j = 0; j < 5; j = j + 1) {
      document.write(x);
   }
   document.write("<br/>");
}
```

必做题

[解析] 代码如下：

```
var name = " 小明 " ;
for (var i = 1; i <= 25; i = i + 1) {
    document.write (name);
    if (i % 5 == 0) {
        document.write ("<br/>");
    }
}
```

选做题

[解析] 代码如下：

```
for (var i = 1; i <= 45; i = i + 1) {
        if (i < 5) {
                document.write (0);
        } else if (i > 5 && i < 13) {
                document.write (0);
        } else if (i > 15 && i < 21) {
                document.write (0);
        } else if (i > 25 && i < 29) {
                document.write (0);
        } else if (i == 36) {
                document.write (0);
        } else {
                document.write (1);
        }
        if (i % 9 == 0) {
                document.write ("<br/>");
        }
}
```

第十五课　累加器、数组的 length 属性

（1）[答案]A

[解析]

获取数组的长度利用数组的 length 属性即可，访问数组的属性：数组名 . 属性名。所以应为 arr.length，即 A 选项是正确的。

（2）[答案]B

[解析]

在数组 arr 的末尾添加一个“e”元素，首先确定数组末尾元素的下标，一个数组的长度值即为一个数组的末尾元素下标，使用 arr.length 即可获得。然后利用数组下标给数组赋值的方法：数组名 [下标]= 元素值来添加元素。所以正确的代码为 arr[arr.length] = “e”，即 B 选项是正确的。

（3）[答案]C

[解析]

从代码中可以知道：创建了一个名为 arr 的数组，该数组有 4 个元素，分别为“a”、“b”、“c”、“d”，arr.length = 3 这句代码是将 arr 数组的长度改变为 3，即 arr 数组只包含 3 个元素即“a”、“b”、“c”，alert(arr[3]) 这句代码是在警告框上显示数组 arr 下标为 3 的元素，而改变后的 arr 数组下标的最大值为 2，不存在下标为 3 的元素，所以在警告框上显示的为 undefined。C 选项是正确的。

（4）[答案] ①：i < arr.length ②：arr[i] + " "

[解析]

①处应为判断循环的条件，要想遍历到 arr 数组中的每一个元素，变量 i 的值小于数组的长度即可，所以①处应填写的代码为：i < arr.length，循环的内容即为在浏览器中输出数组的每个元素，中间用空格隔开，②处应填写的代码为：arr[i] + " "。

（5）[答案]C

[解析]

取数组中所有元素可以用循环中的变量 i 作为数组下标，达到遍历所有元素的目的，下标要用中括号括起来，年龄 age 是学生对象里的属性，不能加括号，正确的书写格式为 students[i].age；。

（6）[答案]B

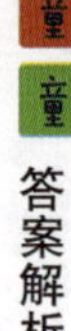

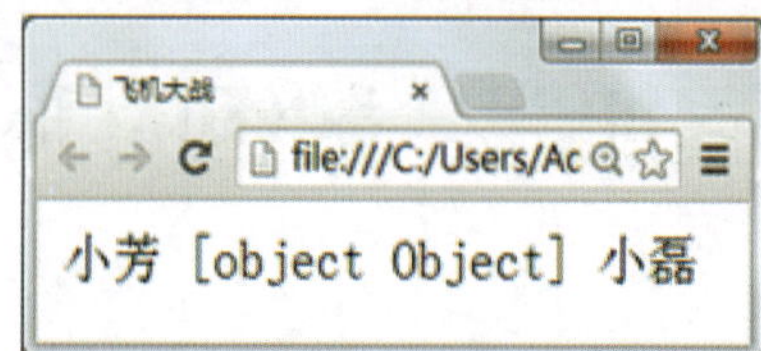

[解析]

数组中第二个元素为对象，所以在显示时是 [object Object]。

[解析] 根据题目要求，代码如下：

（1）定义 KungFu 构造方法，代码如下：

```
function KungFu(name, level, mp) {
    this.name = name;
    this.level = level;
    this.mp = mp;
}
```

创建 man 数组，存储 KungFu 对象，代码如下：

```
var man = [new KungFu(" 降龙十八掌 ", 1, 10),
           new KungFu(" 九阳神功 ", 10, 1000),
           new KungFu(" 玄冥神掌 ", 20, 2000)];
```

（2）使用 for 循环遍历 man 数组，并显示在浏览器上，代码如下：

```
for(var i = 0; i < man.length; i++) {
    document.write(man[i] + " ");
}
```

必做题

[解析] 代码如下：

（1）定义构造方法 Classmate，代码如下：

```
function Classmate(name, age, hobby) {
    this.name = name;
    this.age = age;
    this.hobby = hobby;
}
```

创建 classmates 数组，存储 Classmate 对象，代码如下：

```
var classmates = [new Classmate(" 漩涡鸣人 ", 20, " 吃拉面 ") ,
                  new Classmate(" 梅长苏 ", 35, " 征战沙场 ") ];
```

（2）使用 for 循环遍历 classmates 数组，并显示在浏览器上，代码如下：

```
for(var i = 0; i < classmates.length; i++) {
    document.write(classmates[i] + " ");
}
```

选做题

[解析] 根据编程要求，代码如下：

（1）创建数组 var fruit= [" 苹果 ", " 香蕉 ", " 橘子 ", " 葡萄 ", " 菠萝 "]，代码如下：

```
var fruit= [" 苹果 ", " 香蕉 ", " 橘子 ", " 葡萄 ", " 菠萝 "] ;
```

（2）将数组 fruit 的长度截取为 3, 代码如下：

```
fruit.length = 3 ;
```

（3）将数组 fruit 的末尾添加元素“柚子”，代码如下：

```
fruit[fruit.length] = " 柚子 " ;
```

（4）使用 for 循环遍历 fruit 数组，并显示在浏览器上，代码如下：

```
var fruit = [" 苹果 ", " 香蕉 ", " 橘子 ", " 葡萄 ", " 菠萝 "];
fruit.length = 3 ;
fruit[fruit.length] = " 柚子 " ;
for (var i = 0; i < fruit.length; i++) {
    document.write(fruit[i] + " ");
}
```

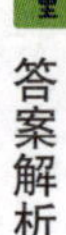

第十六课　for 循环与数组的应用

（1）[答案]A

[解析]

获取当前日期 - 时间为 Date 对象，在创建对象时使用的方式为：new 构造方法名 (), 所以选项 A 是正确的。

（2）[答案]B、C

[解析]

用毫秒数表示当前的日期 - 时间有两种方式，分别是 B 和 C 选项。

（3）[答案]B

[解析]

将毫秒数转化为用 Date 表示的日期 - 时间，应该在创建对象时将毫秒数作为参数即可，所以选项 B 是正确的。

（4）[答案]B

[解析]

将 Date 表示的日期 - 时间转化为毫秒数，使用 Date 对象的 getTime() 方法。

A 选项，setTime() 也是 Date 对象的一个方法，该方法是获取毫秒数表示的日期。

C 选项，new Date() 创建 Date 对象，对象自动保存的是当前的日期 - 时间。

[解析]

计算两天之后的日期 - 时间，可以使用毫秒数转化为日期 - 时间的方法，首先计算出两天的毫秒数， 然后加上当前日期 - 时间的毫秒数，最后利用 Date 对象传参的形式获取毫秒数为参数表示的日期 - 时间。

实现代码如下：

```
var now = new Date();
var longnow = now.getTime();
var secDay = 24 * 60 * 60 * 1000 * 2;
var after = new Date(longnow + secDay);
alert(after);
```

必做题

[解析]

计算当前日期前一天的日期 - 时间，使用毫秒数转化为日期 - 时间的方法，首先计算当前日期 - 时间的毫秒数，然后减去一天的毫秒数，最后利用 Date 对象传参的形式获取毫秒数为参数表示的日期 - 时间。

实现代码如下：

```
var now = new Date();
var longnow = now.getTime();
var lastDay = 24 * 60 * 60 * 1000;
var before = new Date(longnow - lastDay);
alert(before);
```

必做题

[解析]

使用 Date 对象获取当前的日期 - 时间，并用 alert 方法显示在警告框中，要实时显示日期 - 时间，可以使用 setInterval 定时器，设定时间间隔为 1 秒，即 1000 毫秒。

实现代码如下：

```
setInterval(function() {
    var now = new Date();
    alert(now);
}, 1000);
```

第十七课　Date 对象的应用、onclick 事件

(1) [答案]A

[解析]

妈妈的生日是昨天，需要用当前时间的毫秒数减去一天的毫秒数，回到昨天的毫秒数，再把得到的毫秒数转换成日期，就是昨天的日期，B 选项里只得到了昨天的毫秒数，没有把毫秒数转换成日期。

（2）[答案]B

[解析]

此段代码是判断当前时间的毫秒数减去上一次执行的毫秒数是否大于设定的时间间隔，大于等于则为 true，小于则为 false，1100 – 800 < 400，所以返回 false。

（3）[答案]B

[解析]

在浏览器上显示“确定”按钮，首先确定 input 标签的 type 属性值为 button，value 属性值为显示的内容即“确定”。所以选项 B 是正确的。

（4）[答案]A

[解析]

在 JS 中获取 id 为“ok”的按钮对象，应该使用文档对象的 getElementById 方法，而文档对象的 write 方法是实现在浏览器上写文字。所以选项 A 是正确的。

（5）[答案]C

[解析]

鼠标点击按钮对象 okObj 弹出警告框，按钮对象应该调用 onclick 事件。所以选项 C 是正确的。

（1）[解析]实现要求的代码如下：

```
<input type= "button" value= " 注册 " id = "btn"/>
<script>
        var btnObj = document.getElementById("btn");
        btnObj.onclick = function() {
                alert(" 恭喜您注册成功 ");
        }
</script>
```

（2）[解析]设定天空移动的时间间隔，代码如下：

第一条横线处：

```
this.interval = 15;
this.lastTime = 0;
```

第二条横线处：

```
if (!isActionTime (this.lastTime, this.interval)) {
        return;
}
this.lastTime = new Date().getTime ();
```

必做题

（1）[解析] 将时间间隔的方法进行调整，使时间间隔减小，把 interval 存储的数值减小就可以了。

例如：

```
this.interval = 15;
```

改成：

```
this.interval = 5;
```

（2）[解析] 实现要求的代码如下：

```
<input type= "button" value= " 提交 " id= "btn1"/>
<script>
        var btnObj1 = document.getElementById("btn1");
        btnObj1.onclick = function() {
                alert(" 信息已经提交 ");
        }
</script>
```

选做题

[解析] 实现要求代码如下：

```
function isActionTime(lastTime, interval) {
    if (lastTime == 0) {
        return true;
    }
    var currentTime = new Date().getTime();
    return currentTime – lastTime >= interval;
}
var lastTime = 0;
var interval = 5000;
setInterval(function() {
    if (!isActionTime(lastTime, interval)) {
        return;
    }
    lastTime = new Date().getTime();
    var date = new Date();
    document.write(date + "<br/>");
}, 10)
```

第十九课　onmousemove 事件

（1）[答案]A

[解析]

跟随鼠标移动触发的事件是 onmousemove 事件。

（2）[答案]B

[解析]

已知图片中心位置的坐标为 [375,525)，又知图片的宽度为 150，高为 250，所以求 x 的坐标用 375–150/2，求 y 的坐标用 525–250/2，得到的坐标点为 (300, 400)。

（3）[答案]B

[解析]

用鼠标坐标的 mpoint.x 与 mpoint.y 分别减去 99/2 与 124/2，可以得到英雄机的坐标，横线处应填写：mpoint.x – 99/2，mpoint.y – 124/2 。

[解析] 只需要把我们之前写的英雄机对象名替换成大型敌机的对象名称即可。

代码如下：

```
setInterval(function() {
    sky.paint(ctx);
    sky.step();
    enemies[2].paint(ctx);
}, 100);
canvas.onmousemove = function(e) {
    var mpoint = getPointOnCanvas(e.x, e.y);
    enemies[2].x = mpoint.x – enemies[2].width/2;
    enemies[2].y = mpoint.y – enemies[2].height/2;
}
```

必做题

[解析] 只需要把我们之前写的英雄机对象名替换成中型敌机的对象名称即可。

```
setInterval(function() {
    sky.paint(ctx);
    sky.step();
    enemies[1].paint(ctx);
}, 100);
canvas.onmousemove = function(e) {
    var mpoint = getPointOnCanvas(e.x, e.y) ;
    enemies[1].x = mpoint.x – enemies[1].width/2;
    enemies[1].y = mpoint.y – enemies[1].height/2;
}
```

选做题

[解析]

首先把背景和敌机画上去，当鼠标进入敌机坐标范围时，画背景把敌机盖住，这样就达到了我们的目的。

代码如下：

```
window.onload = function() {
    ctx.drawImage(background, 0, 0);
    ctx.drawImage(enemy1, 300, 200);
}
canvas.onmousemove = function(e) {
    var mpoint = getPointOnCanvas(e.x, e.y) ;
    if ((mpoint.x > 300 && mpoint.x < 351) &&
    (mpoint.y > 200 && mpoint.y < 257)) {
        ctx.drawImage (background, 0, 0);
    }
}
function getPointOnCanvas(x, y) {
    var bbox = canvas.getBoundingClientRect();
    return {
            x : x - bbox.left,
            y : y - bbox.top
    };
}
```

第二十课　对象和方法的应用和继承

（1）[答案]B

[解析]

子弹的位置位于英雄机的中心，由图可知英雄机图片的宽度为 120，英雄机图片中心位置距离英雄机图片的左上角的距离为 60，而子弹图片的宽度为 10，所以要保证子弹的中心在英雄机的中心，则子弹的左上角的 x 坐标应距离中心位置为 5。即子弹图片左上角的 x 坐标距离英雄机图片左上角的位置为 60-5=55，两个对象的 y 坐标是一样的。所以子弹的坐标应该表示为：(hero.x+55,hero.y)，选项 B 是正确的。

（2）[答案]B

[解析]

通过构造方法创建 bullet 对象，new Bullet() 小括号中的参数应该与构造方法相对应。

（3）[答案]B

[解析]

根据画布中的坐标系，如果要使子弹向下移动就是使子弹的 y 坐标增大，因此

选 B。

（4）[答案]B

[解析]

在构造方法中定义属性，必须在属性名前加 "this."。

（5）[答案]D

[解析]

根据画布中的坐标系，子弹竖直向上飞，水平位置不变，因此 x 坐标不变，y 坐标减小。故选 D。

（6）[答案]B

[解析]

在这里只有 call () 是用于子对象继承父对象的。

（7）[答案]A

[解析]

call () 方法在书写时第一个字母应该小写，所以只有 A 选项是正确的。

（1）[解析] 子弹存储在数组中，要使所有子弹全部移动起来，需要利用 for 循环遍历数组中所有的子弹对象，for 循环大括号中要执行的内容就是调用子弹的 step() 方法。

具体代码如下：

```
function componentStep() {
    sky.step();
    for (var i = 0; i < enemies.length; i++) {
        enemies[i].step();
    }
    for (var i = 0; i < bullets.length; i++) {
        bullets[i].step();
    }
}
```

（2）[解析] 用 call 方法继承父级对象。

具体代码如下：

```
function Shape(c) {
    this.c = c;
    this.perimeter = function() {
        return c;
    }
}
function Triangle(c) {
    Shape.call (this, c);
}
```

必做题

[解析] 先根据要求创建传参的 Game 构造方法，然后创建游戏对象，并根据对象名.方法名 () 来调用 Game 的 play 方法。

代码如下：

```
function Game(player, name, hero, enemy) {
        this.player = player;
        this.name = name;
        this.hero = hero;
        this.enemy = enemy;
        this.play = function() {
        alert(" 玩家 " + this.player + " 在玩 " + this.name
            + " 游戏，使用 " + this.hero + " 英雄机来对抗敌军的 "
            + this.enemy );
        }
}
var game = new Game("Tim", " 飞机大战 ", " 齐天大圣 ", " 牛魔王 ");
game.play();
```

选做题

[解析] 要发射两束子弹，在 Hero 构造方法的 shoot 方法中将 bullets 数组中存储两个子弹对象，只是两个子弹对象的 x 坐标不同而已。根据要求两束子弹的位置分别距离英雄机的中心点 5px 远，子弹图片的宽度为 10，所以左边子弹图片左上角的坐标为 (hero.x+35)，右边子弹图片左上角的坐标为 (hero.x+55,y)。

代码如下：

```
var bullets = [];
function Hero(x, y, width, height, life, img) {
        ......
        this.shoot = function() {
                bullets[bullets.length] = new Bullet(this.x + 35, this.y, 9, 21,
                1, b);
                bullets[bullets.length] = new Bullet(this.x + 55, this.y, 9, 21,
                1, b);
        }
}
```

其他代码与本节课案例相同。

课后心得